不懂带人你就自己干到死 ②

管理实务篇

〔比利时〕路易斯·卡夫曼（Louis Cauffman）——著

麦秋林——译

中国友谊出版公司

图书在版编目（CIP）数据

不懂带人，你就自己干到死．2，管理实务篇 /（比）路易斯・卡夫曼著；麦秋林译．—北京：中国友谊出版公司，2017.5（2018.5 重印）
ISBN 978-7-5057-4019-8

Ⅰ．①不… Ⅱ．①路… ②麦… Ⅲ．①企业领导－领导方法 Ⅳ．① F272.91

中国版本图书馆 CIP 数据核字（2017）第 090928 号

版权登记号：01-2017-3973

书名 不懂带人，你就自己干到死. 2，管理实务篇
作者 （比）路易斯・卡夫曼
译者 麦秋林
出版 中国友谊出版公司
发行 中国友谊出版公司
经销 新华书店
印刷 三河市文通印刷包装有限公司
规格 710×1000毫米 16开
15印张 177千字
版次 2017年6月第1版
印次 2018年5月第4次印刷
书号 ISBN 978-7-5057-4019-8
定价 39.80元
地址 北京市朝阳区西坝河南里17号楼
邮编 100028
电话 （010）64668676

如发现图书质量问题，可联系调换。质量投诉电话：010-82069336

地势坤，君子以厚德载物。

目 录

CONTENTS

Chapter 5 只需七步，让员工实现自我培训

Chapter 6 与其费尽心思管人，不如有技巧地带人

Chapter 7　用最少的时间，激发团队爆表战斗力

奥卡姆剃刀原理：如无必要，勿增实体。

——奥卡姆的威廉

小贴士

1.为确保本书最强的可读性，我们已将书中所有的脚注、引用文献以及完整的参考书目都发布在了http://www.louiscauffman.com网站上，同时，该网站还提供相关附加练习与案例分析。

2.为了更加方便读者阅读，我们选择使用“他”来完全替代“他／她”。

3.此英文翻译版出自比利时鲁汶－林堡大学学院迪彭贝克校区翻译专业学生肖娜·霍斯曼之手，由帕特里克·贝肯进行监督。我们衷心感谢肖娜·霍斯曼所做的突出贡献，英语是她的母语，同时她本人还是一位聚焦答案培训师。

向史蒂夫和茵素致以衷心感谢与无限缅怀!

多年以来，聚焦答案方法在心理治疗以外的众多领域得到应用，对此，我们真可谓喜出望外，或者说，满心欢喜之余颇为震惊，因为我们从未想过聚焦答案之道会在管理、教育、监管、团队建设以及其他人力所及的领域发扬光大。必须指出：路易斯·卡夫曼是将这种方法推广到其他领域的先驱；而让我们真正印象深刻、敬佩不已的是，他总能让这种方法保持简单，绝不屈从于他人的逼迫而做无谓的化简为繁。如同所有优秀的聚焦答案治疗师一样，路易斯·卡夫曼总能在严谨的商业环境中潜移默化地运用自己的技巧，所以人们通常对此毫无察觉，然而，简洁的聚焦答案疗法中所蕴含的观念与技术在实践中取得了突破性的进展。

史蒂夫·德·沙泽尔、茵素·金·伯格

写给中国读者

我有幸在中国多个研习班执教。在此期间，我了解到中国专业同行的思考模式及工作方式均以聚焦答案（Solution-focused Approach）为导向。对此，我非常赞同。

中国专业同行与其以聚焦答案为导向的思考模式和工作方式有以下共同点：切实可行但不尊崇实用主义至上；不卑不亢，统筹兼顾并切中要害；效率导向但不流于表面；井然有序但不过分条理化；简明但不简化。

本书进一步阐释的知识，是建立在读者已经在做且取得了良好效果的事情的基础上的。此外，本书还提及一种切实可行的方法，进而帮助读者在工作和生活中处于最佳状态。

如果你追求事半功倍，那么本书是不可多得的读物。

导读
马上带人啦，你准备好了吗？

聚焦答案管理对谁有效？

对于任何进行支持、领导、训练的人均行之有效，对象可以是你的员工、你的工作伙伴、你的客户、你的孩子或者是你自己。

聚焦问题与聚焦答案有什么区别？

聚焦问题型管理者会问：“哪些事情无法运转，为什么无法运转？”

聚焦答案型管理者会问：“虽然问题多多，但是哪些事情仍在运转？”

聚焦答案是一种全新的概念吗？

聚焦答案的思维模式与工作模式并非一种崭新的信仰，也非一时之风尚，或让人眼花缭乱的把戏。

那么，简而言之，什么是聚焦答案?

作为聚焦答案型管理者，我们的责任便是帮助人们去思考各种各样的可能性，从而使他们能够通过利用自身的资源来实现自己的目标。

那么，综合而言，什么是聚焦答案?

聚焦答案培训会帮助受训员工学会利用自身的资源来实现自己的目标，这些目标经过良性调整，与自身的环境目标相融合。聚焦答案培训会创造出一种情景，在此情景下，学习进程变得快速、可持续、实用、现实而且有效。最理想的状态是：为了在当下和未来实现自己的目标，受训员工要学会进行自我培训，即“学会学习”。

问题成为目标，目标成为挑战

聚焦答案的思维方式喜欢利用尽可能简单的方法来帮助受训员工将问题转变为目标，然后将目标转化为挑战。

关于人性的聚焦答案观念

聚焦答案培训基于这样一个观念：无论情况看上去是何等艰难、何等无望，然而，人总是拥有可支配的资源。无论是什么，只要能加以利用来实现自己的目标且仍旧切实有效的事物便可称为资源。

培训师与领导者

培训师与领导者总是如影随形：只要可能便相互支持，只要需要便相互引导。

个体与团队

聚焦答案模型可为与之接触的个体做引导，然而，它同样对团队协作行之有效，以及对推动整个组织内的变革卓有成效。

持之以简

生活本身已是纷繁复杂，若非必须，最好还是不要让它复杂化。聚焦答案培训师深谙每个案例情景的复杂性，可是它会为个案提供简单的干预，让情况持续不断地得以改观。

简单绝非易事

Chapter 1
迅速把庸才变干将的带人方法

聚焦答案培训的背景

20世纪80年代初期，史蒂夫·德·沙泽尔和茵素·金·伯格共同开发了聚焦答案方法，然而史蒂夫·德·沙泽尔总是希望这种方法永远不要成为主流，要一直保持其颠覆性特征。如今我们可以很高兴地说，他错了，或者说，他太过于谦虚了。聚焦答案模型在世界各地的众多领域得到应用，今天，它已成为广为流传的模型方法，成为那些想要在受训员工身上花费最少精力而取得最大成效的培训师必不可少的工具。

直奔主题：两个错误的观念

第一个错误观念在于“聚焦答案”这个词，它会让人们误认为不再对问题展开讨论，当然，这是彻彻底底的谬论，正是因为人们遇到问题，他们才会成为受训者，聚焦答案并不意味着我们惧怕问题。

第二个错误观念是“聚焦答案”这个词有时候会被误认为等同于简单粗暴的方法，正如一个经典笑话所说：“有人问医生，当他这样做的时候会觉得疼，该怎么办。医生回答，那就别这样做了！”在人们的印象中，培训师会解决受训者的问题，然而，聚焦答案培训师是去帮助受训者再次学会如何自己解决问题。

学习聚焦答案≠放弃所学

学习聚焦答案思维模式，并遵照这种思维行事的可贵之处是：你不需要放弃已学会的任何事情，相反，这种方法能够与你的学识、经验和专业技能相融合，你无须认为：“哇，另一个新模型，我现在必须从头开始。”你应该这样想：“哇，终于有一些能真正让我的专业技能有用武之地并且让我变得更加厉害的新东西了。”

带人小贴士：

真正的发现之旅，不在于寻找新的风景，而在于有新的视角。

聚焦答案的应用是一个拱形模型

聚焦答案是一种过程导向式方法，它不大注重内容，而主要专注于培训师与受训者之间的互动。

此外，聚焦答案的思维模式和运用模式是一种认识论，也就是说，我们在与受训者的互动中共同创造现实。从聚焦答案的角度来看，所有在培训、管理和心理学上运用的经典方法都具有可容纳于聚焦答案认识论框架内的元素，这一点你将会在本书中了解到。

掌握核心要素，将员工优势发挥到极致

在电梯内与老板共处3分钟

试想一下：一天早晨，你与老板共乘同一部电梯，他突然问道：“大家都在谈论那个晦涩难懂的聚焦答案方法，它到底是什么？”

你可能会回答。

你可以用这个开场白来定下调子："早上好，谢谢您提出的问题，让我有机会能与您探讨聚焦答案项目。"

保持友好姿态总会有所帮助，然而，与老板交谈，你不能将专业角度抛诸脑后："这个项目的计划将在规定的时间与预算内进行，而这一切都归功于聚焦答案方法。"

说完后，你看着老板的眼睛，牢牢抓住他的所有注意力，然后抛出小型"撒手锏"："聚焦答案的应用模式与我们公司的文化结合得天衣无缝，我们公司一直都是奉行实用主义的，不是吗？这里的每个人都希望可以尽可能快速地取得结果，并且渴望这种效果能尽可能长久地持续下去。"

现在你已经吸引到他的注意力，可以开始谈论较为困难的部分了："正如我所说，这种快速取得持续结果的实用主义态度正是聚焦答案方法的核心所在，此外，这种方法还能提供额外的奖励，在重点突出公司优势的同时，聚焦答案方法还可以磨炼并提升我们员工的合作能力。"

到目前为止，你的所言并无新意，但是他的注意力仍在你身上，所以你还可以再进一步："聚焦答案方法的本质让我们以实现目标为焦点，而非浪费自己的时间和精力去分析问题的本源和状态。后一种做法只适合那些需要解决机械问题的工程师，而无法适用于与人打交道。"作为管理者，我们经常会认为接受训练是为了分析问题的原因，然而当你与人打交道的时候，这种方法常常会带来更多的问题。在聚焦答案模型的帮助之下，管理者支持员工为自己、为团队以及为公司设定明确的目标，然后找出最适合的方式达成这些目标，以此来对员工进行培训。

“一旦我们脑海中拥有清晰的目标，我们就能将公司以及员工的优势发挥得淋漓尽致。为了将这一点做到尽善尽美，我们会向他们提出若干聚焦答案问题，以此来引导他们运用自身的才能。事实证明，这种聚焦答案培训方式比仅仅直截了当地告诉我们员工去做什么要更为有效。如果我们找到新的解决方案，我们一定会让公司里的每个人学习新方案，这样我们将真真正正地成长为一个‘团队’。你知道的：一加一大于二。”

你发现你的老板慢慢接受这个概念了，但是他好像仍然有一些疑问，所以，是时候给他举个例子了。

“上周，我手下两名销售人员与研发主工程师讨论我们最新的一个产品，他们告诉主工程师顾客对产品的质量十分满意，却对毫无用处的——在他们看来——技术指南牢骚满腹。工程师越是为自己的立场争辩，销售人员对他便越不客气，不一会儿，双方就开始互相指责。当双方争论不休的时候，一个同事介入了。首先，他对双方的敬业精神表示赞赏，表扬他们为顾客和员工考虑，然后，他问他们此前是否也听到过顾客的这些抱怨。于是，事实很快弄清楚：这些抱怨并非第一次。‘那么你们是如何处理这个问题的呢？’问题一提出来，他们的讨论重点便转移到了回顾性的思考上。他们发现：为了应对这个问题，他们先是画出一个临时的指南图；随后他们将工程师引荐给顾客，这样工程师就可以找出顾客的需求，他们就可以写出一本适应顾客需求的指南；同时，当工程师听到顾客叙述自己是如何使用产品的时候，他们也会感到心满意足。于是，主工程师被说服了，他相信自己的手下会愿意再次使用这种方法；而销售人员马上举手赞同，因为他们看到了商业机遇。双方立刻修改了自己的日程，确定了两个团队再次会面的日期。”

你的老板正在聚精会神地听着，电梯还在上升，是时候说明一下了：“我们的员工总是不断地面对诸如此类的问题，这种情况在商业事务中极为常见。以聚焦答案原则来处理事情并不意味着我们惧怕问题。事实正好相反，问题本身就是工作的一部分，而巨大的差异是聚焦答案式管理者会以完全不同的方式来处理问题：问题成为标杆，指引着他们找到可能存在的其他选择。这种方法为我们提供了许许多多的简单资源，从而帮助我们提高了工作效率。”

你注意到电梯几乎已经抵达终点，是时候让他心悦诚服、接受这个概念了：“所以您看，聚焦答案的行事方式极其注重实际且实用易行，绝不会麻烦多多，也不是徒有其表，这种方式提升了公司迅速提出强大而可靠的解决方案的能力。这样一来，不仅公司的经营业绩会提升，员工的学习速度也能得以加快。任何人、任何组织都会从聚焦答案的思维模式和行事方式中有所收获。核心便是：简单最为有效。”

叮：电梯到达。

当然，如果你在一栋超高层写字楼里工作，你会拥有更多的时间用实例和细节来支持自己的观点。

带人小贴士

简单的就是最好的。

粗看聚焦答案的行事模式

以下列表是聚焦答案思维模式与行事模式的总览，这些词语并非完全对立，它们只是一个统一体的两端而已。

统一体的两端	
聚焦问题培训	聚焦答案培训
重要的是过去	重要的是未来
专家提供答案	专家提出问题
这是谁的错？	如何才能易辙而行？
问题总在那里	问题不会总在那里
需要重大的改变	小变化是良好的开端
重要的是思考	重要的是行动
控制	支持
在改变发生前，需要理解与洞察	先改变，后洞察；或者在改变中洞察
从不	尚未
诊断因由	珍视例外，将其视为（部分）解决方案
必须增加资源	资源总在那里，只是尚未被挖掘出来
专家	伙伴
疾病	健康
冲突	合作
规则	例外
相同	不同
减少	增多
坚持	邀请
回顾	前瞻
共同点更多	不同点更多
问题	解决

以助产士的角色，助员工产出更多的能量

何为聚焦答案培训?

过程导向式定义

聚焦答案培训可以创造一种情景来帮助受训员工（重新）获得对自身各种可能性的信心。受训员工的目标必须进行调整，一直到与所处环境的目标相一致为止。

说得明白点

聚焦答案培训是帮助受训员工从界定自身问题的老思想中解脱出来，帮助他们重新定义问题，将对变化的渴望转化为挑战。培训师不是告诉他解决的方案或者改进的方法，而是提出（建议性的）问题，目的是从受训员工身上引出（部分）解决方案和可利用的资源。一旦受训员工将自己的目标细分为切实可行、符合实际的小步骤，受训员工将可利用自身的资源来逐步实现这些目标。在此情景之下，受训员工为运动员，而培训师则是支持者。

带人小贴士

受训员工为运动员，而培训师则是支持者。

简单地说

培训师帮助受训员工有效地（重新）利用自身资源来实现自己的目标。

更简单地说

为了使受训员工能更迅速、更有效地取得持续不断的结果，培训师为受训员工进行自助努力而提供帮助。

简单总结

聚焦答案培训师充当着助产士的角色，帮助受训员工产出各种各样的可能性。

带人小贴士

调用你的资源，帮员工解决问题，达到目标。

何为问题?

简而言之

当你向大家提出这个问题——“你们是如何定义问题”的时候，他们通常会这样回答：“一些让我们困扰的东西，一些我们想要摆脱的东西。”

细而言之

在聚焦答案模型中，问题被定义为低效率的部分解决方案。

问题并非自然而然就是不好的，不应该不分青红皂白地与之对抗。从聚焦答案的观点来看，每个问题都可能带有一些可能的解决方案的因素，而我们正是要聚焦到这些因素上。聚焦答案模型只对问题的背景、成因和其他有助于找出更加恰当的解决方案的因素感兴趣。

聚焦答案与解决驱动大相径庭

“当你向某位管理者提出一个问题的时候，他会找出十种解决方案。”事实常常会佐证这种经典的陈旧思想，然而这种态度可能会很容易导致新问题。解决驱动式管理者会为员工的问题提出数十种可能性的解决方案，然而在管理者如此的狂轰滥炸中，这位员工倍感格格不入，根本不愿意付诸行动。可是，如果你真想被某些事物驱动，那么你可以成为“资源驱动”者：具有十分有效的迫切感去随时随地在自身及受训员工身上挖掘新资源。

P方程

我们可以将问题定义为：希望做出改变的愿望——不管这种表述是否清晰明了——受训员工（在培训师的帮助下或者在没有培训师帮助的情况下）能将此愿望转化为挑战。

有时候，愿望可以表述出来，举例来说：当我必须在管理团队前做演讲的时候，我害怕会失败。在这个情景下，希望做出改变的愿望就是学习如何冷静且自信地进行演讲。

有时候，愿望却说不出来，举例来说：在演讲的前一天，我通常会有剧烈的头疼，以至于我不得不取消演讲。那么当你提出诸如此类的问题——如果不取消演讲，你想怎么做？需要什么你才能这样做？有什么可以帮助你保持更加放松的状态？那么你想尝试什么不同的方式？等等，那些没有表述出来的希望做出改变的愿望就从中显露出来。

如果你提出的问题恰当，你就能帮助受训员工将自己希望做出改变的愿望转化为挑战，即从头疼到学习如何保持冷静，到慢慢地做出更加优秀的演讲，成为管理团队成员心目中值得尊敬的一员。

问题越多就越好

聚焦答案培训是一种令人满怀希望的方法，因为问题是根据其提出解决方案的可能性来定义的。如果不具备这种可能性，那么就不是“问题”，而仅仅是“局限”。局限是人们无法解决的东西，反之，便可称之为“问题”。不过你可以学习应对局限的方法，以使其结果不再成为沉重的负担。下面，你将学习到这些方法的运作模式，以及如何才能自行将它们付诸实践。

创新 = 不基于问题的解决方案

有时候，在没有问题的情况下，人们也会提出解决方案，那么，它们便最具有创新的意味。

3M公司曾经发明了一种不会留下任何痕迹的粘胶，但是这种粘胶的黏性极其微弱，以至于3M公司的人员很疑惑，到底他们能将这种粘胶应用于何处，要使这种“解决方案”发挥作用，就必须发明即时贴。换言之，人们需要去发现使这种粘胶得以发挥作用的问题，于是即时贴就应运而生，成为这个问题的解决方案。

所以，你可以将“具有创新性”定义为：为还没有出现的问题找寻解决方案。

带人小贴士

为还没有出现的问题找寻解决方案。

何时会成为受训者？

当你确信自己已无法依靠自身的能力在生活中或事业上迈出下一步，然而，你对进步的渴望激励着你去寻求帮助的那一刻，你便成了一个受训者。换言之，当你对自身找到解决方案的能力和可能性丧失信心的时候，你就需要去寻找一位培训师了。

培训师是做什么的呢？

聚焦答案培训师的责任是帮助自己的受训者（重新）发现那些“已经被遗忘的”资源，以及／或者为他们提供新的可能方案。

聚焦答案培训背后所隐含的人类本质考量

在聚焦答案培训背后，蕴含着对人类本质的考量，它认为尽管有时似乎困难重重、毫无希望，但是人类系统（个体、团队、公司等）总拥有可抽取的资源。聚焦答案方法的应用假设是，无论如何，总存在值得锲而不舍的事情，总存在仍然行之有效的方法，总存在各式各样的可能性。

何为资源?

资源是指人们用来找出解决方案的一切事物——经验、知识、技能、天赋、专长、领导力或者管理素质等，均可为资源，人们的观念也可以成为资源，譬如激励、对公司的忠诚度、团队精神，抑或待人友善的技巧，等等。除此之外，资源还蕴含在一些特定事物之中，如沟通技巧、危机与冲突管理、最新的工作方法、商业诀窍、技术技能、时间、金钱，或者保持专注的艺术。最后，资源还包括那些一开始看来似乎具有负面本质，然而经过重新思考，转化为资源的事物——危机可转化为挑战，退步可变为警醒提示，失去客户会增强寻找新顾客的决心，投诉会迫使我们更加以客户为中心，管理上的薄弱环节为做出改进提供了可能性，威胁可成为机遇，等等。

实质：聚焦答案＝聚焦资源

聚焦答案培训会持续不断地将焦点集中于受训员工可用于提升自身事业或生活的资源之上，任何事物均可成为获取力量的源泉，只要你合理利用，任何力量源泉均可成为资源。

资源是提升引擎的燃料——显然——燃料越多越好，故此，我们正在源源不断地帮助受训员工“挖掘”资源。在聚焦答案方法中，资源是关键中枢，至关重要，所以人们也可以将这种方法称为“焦点资源方法”。

带人小贴士

只要你合理利用，任何力量源泉均可成为资源。

培养善于解决问题的人，而不是自己解决所有问题

培训是如何进行的？

在培训过程中，变化的动力来自培训师与受训员工之间强大的工作关系，真挚诚恳并且满怀敬意地承认受训员工所付出的努力以及所面临的困境，你就能获得这种推动革新和奔腾的动力。研究表明：在人际关系中，真诚、尊重和认同是引发变化的关键驱动器。

通过这种工作关系，培训师和受训员工共同创造出不一样的现实，让以下这句引言显得更加坚实稳固：

> 希望之于人类的意义犹如氧气之于肺部。
>
> ——弗洛玛·沃希

那么，它是积极的思考方式喽？非也！

如果我们过于简单地考虑资源，马上就会导致一种误解，认为聚焦答案的思考方式等同于积极的思考方式：如果你对任何事物的考量都积极向上，那么事情自然而然就会有所改善。然而，这并非聚焦答案的思考方式。

聚焦答案的思考方式是帮助受训员工看清自己的杯子只是半满。不言而喻，半满的杯子里所含之物与半空的杯子中所含之物别无二致。请谨记：当你置身于茫茫沙漠之中，如果你看到自己的瓶子是半满的，你更有可能存活下来。现实无法改变，然而聚焦答案培训能帮助你更为高效地应对现实。

带人小贴士

现实无法改变，然而聚焦答案培训能帮助你更为高效地应对现实。

那么，它就是因果思考方式喽？亦非也！

因果推理，也就是人们所熟知的医学思维，告诉我们：如果你了解问题的内在成因，然后消除成因，就能解决问题。我们知道这种思维方式对于机械类事物极为有效，例如无法启动的汽车，病毒所引起的感染和其他类型的感染，由于骨折而无法站立的腿，诸如此类。可是，这种方法无法应用到人们的思想、感情，还有人与人之间的互动之上，破裂的婚姻不同于摔断的腿或者坏损的心脏。

解决方案与问题本身截然不同

聚焦答案培训是一种完全不同的审视问题的方法。对于聚焦答案培训来说，问题仅仅是找到更好的解决方案的机会，而解决方案本身常常与所发生的问题之间没有太多关系，抑或毫无关系，正如史蒂夫·德·沙泽尔所言：“解决方案的本质有别于问题本身。”

根本不存在抗拒

抗拒观点认为：保持失效的状态，对客户来说更加有利，所以他们不需要改进。这简直是一派胡言！在心理学界，抗拒的观点仍旧广泛流传，这可以理解，因为它是一个具有吸引力的——然而却毫无用处的——观点。如果培训取得成功的话，那么培训师会归功于自己；如果培训效果平平，那么你就可以指责那个心不甘情不愿的受训员工。真是胡说八道啊！

史蒂夫·德·沙泽尔历经千辛万苦，才为自己的著作找到出版商，最终在1984年成功发表自己的文章《抗拒之死》，这篇文章现已成为经典之作。文中，他对当时——令人伤心的是，如今依旧——广泛流传的谬见，即“客户在有意识或无意识间会抗拒进步和改进”，进行了坚决的抨击。

带人小贴士

如果你想改变这个世界，先改变自己。

阶段性方向

凡是在聚焦问题方法中所认定的抗拒，都会被聚焦答案工作者视作额外信息，这些受训者“将自身的问题掩盖起来，并以一种奇怪的方式盼望做出改变，迎接挑战”，这些被掩盖起来的信息中蕴含了各个阶段重要的方向性信息，这些信息将在培训过程中，引领受训者走向最高效的下一步。

聚焦答案方法的三大基础

聚焦答案培训：

★ 不以问题为焦点，而是向受训者提问：哪些事情正在良好地发展着？哪些事情仍在运行？

★ 不纠结于过往，而是期待充满各式各样可能性的未来。

★ 确信每位受训者均拥有可用来取得进步的力量和资源。

施以最小的努力，取得最大的成效

培训师的最小—最大效果：决定原则

培训是一种人与人之间的互动过程，在这个过程中，双方必须不断地对以下问题做出回答：我要述说什么？我要提问什么？我们要以什么为焦点？我们选择以什么题目来开始？我要向谁发出邀请？以什么顺序？等等。

作为聚焦答案培训师，我们所一贯秉持的目标是：对受训员工施以最小的努力来取得最大的成效。为了达到这种“最小—最大”效果，我们精心编制了一些决定原则。值得注意的一点是，这些原则并非绝对新颖，只要你仔细观察成功的管理者、培训师以及身边的人们，如果你问自己：为什么他们所做的事情能如此成功，你很快就能发现他们在各种各样的情况下都会运用以下原则。

初看之下，这些聚焦答案的决定原则是非常显而易见的，然而，在现实中，对这些原则的完全实现则要求特殊的专注力，甚至是全身心投入。

虽然我们给这些原则标上了序号，并将它们排列起来，但是请记住：这只是为了进行说明和教育，在现实中，它们之间并没有严格的顺序。

另外，这些原则彼此相互适用！

原则1：如果某些方法尚未出现问题，就不要进行修补；

原则2：如果某些方法行不通，或者不再有效，抑或在尝试一段时间后效果不佳，那么就停止，从中吸取教训，然后做出改变；

原则3：如果某些方法的运用效果良好、足够好，抑或更加优良，那么就继续做下去和／或者运用它做更多的事情；

原则4：如果某些方法的运用效果良好、足够好，抑或更加优良，就向他人学习和／或者向他人提供经验。

你还可以将这个决定原则表视作检查清单，无论何时，只要你觉得某个干预行为无效，就可以依照此清单进行检查，找出遗漏点或者没有关注到的地方，然后按原则执行。

带人小贴士

聪明地工作就是投入和产出的绝对平衡，用最少的努力，达到最佳的结果。

魔术、技巧，还是兼而有之？

如果每天都运用聚焦答案方法以及施加相应的干预，有时候我们便会感觉自己像在变魔术：我们开始在每个地方都能发现资源；事情得到改善，并且持续不断地得到改善；受训员工不会觉得疲惫不堪，相反，他们在培训的过程中被激发出了能量，动力十足；不管是在个人层面，还是在专业层面，受训员工都会有所成长。聚焦答案的思维模式会像益生菌般扩散开来，在谈话中就会产生解决方案，员工可以更加迅速地取得持续性成果，工作环境愉悦而具有挑战性，受训员工会创造出我们自己永远也无法想到的解决方案。

这一切就这样发生了吗？非也，虽然这是一个很简单的模型，但是要掌握它却并非易事。

要熟练掌握这个模型，运用自如，并且取得成果，你就必须付出努力，并持之以恒地进行“不一样”的思考。可是，有一点很让人欣慰，我们可以将聚焦答案模型比作游泳或者骑自行车：一旦你掌握了这项技能，就别想再忘记它，因为忘记它比学会它更加困难。

聚焦答案方法是以证据为基础的模型吗？是的！

是否有效的考验贯穿于我们的工作之中，向专业的培训师提出更深层次的挑战：“你的工作方法确实是以证据为基础的吗？”“确实”这个词隐晦地表达出怀疑，甚至是绝望。

一组研究数据总结告诉我们：

★ 我们一共做了168项有效性研究；

★ 50项的随机对照试验显示有效，其中28项被证明比现有方法更为有效；

★ 在56项对比研究中，45项显示聚焦答案方法的有效性明显高出很多；

★ 在6000个案例中，培训次数平均3～6次，有效性研究显示成功率超过60%；

★ 对43项研究进行的2次回顾性分析显示：相较于传统方法，聚焦答案方法在“个体行为转变”方面效果最佳。

此外，研究表明聚焦答案方法比传统方法更快捷、更持久，更快捷是指需要进行的培训次数较少；更持久则指正面效果的持续时间更长，而且倒退到毫无帮助的行事方式的情况明显较少。

说得明白点：经过聚焦答案干预后，已经有所好转的事情会持续不断地向更好的方面转变。

实操案例：如何有效解决团队内部冲突

有两位管理者总是不停地发生冲突，总经理迈克认为研究组组长彼得看不起他，对他有所保留，提供的信息不全面。而在彼得看来，迈克总是不断地检查他的工作，事无巨细都要查。所以，他们不停地在会议中针锋相对，陷入“对与错”的游戏。那么，谁是对的呢？谁挑起了冲突？显而易见，他们都认为是对方的错。

在这样的案例中，我们不会将焦点集中于潜在的起因（心理变量、个性特征或者关系动态、权力斗争，等等），我们甚至极少去探究冲突的历程，因为如果要探究历程，我们就不得不依赖双方所给出的解释，而在经典的干预模型中，以上提及的所有因素都关系重大。

在聚焦答案模型中，我们对这个问题中那些已有部分解决方案的方面更感兴趣，我们会将焦点集中于这些部分解决方案身上。

如果人们产生冲突，就像迈克和彼得一样，那么很显然双方从根本上是具有某些潜在的共同利益的，虽然彼时他们的利益似乎产生了冲突，否则他们之间为什么会产生冲突呢？在这些冲突中，他们希望为公司争取到什么呢？通常情况下，他们的讨论仅仅是他们对同一种现实所持有的不同看法而已。积极的因素是，只要双方发生争吵，他们就存在接触，尽管有时候这个接触是负面的，仅仅由于冲突本身而产生冲突的情况鲜有发生。

向冲突双方提出聚焦答案式的问题会对他们大有裨益，例如：

- ★你们希望从此次会面中得到什么结果？
- ★当你们得到这个结果的时候，会让你们每一个人有何不同？
- ★当你们不针锋相对的时候，会有什么不同？
- ★你们是如何停止争吵的？在那个时候，你们的行为有何不同？
- ★你们在那次会议中是如何终止冲突的？
- ★你们如何在没有牵扯其他工作伙伴的情况下争吵？
- ★当没有冲突的时候，你们之间是如何沟通的？
- ★在其他情况下，你们如何解决冲突？
- ★如果现在的问题不存在，你们在一起是如何工作的？

简单≠容易

聚焦答案培训说起来简单，但是做起来却并非易事，如果你想像培训师一样高效，你就必须保证自己能认真地对待聚焦答案的“简单”概念。

实操笔记：

Chapter 2
抓好三个点，带起人来更轻松

目标、资源及赞美

聚焦答案培训是一个三合一的完美组合体，由受训员工的目标、受训员工的资源以及对受训员工为实现目标而使用的资源的赞美组合而成。

GRC方程的威力在于三元素之间的紧密联系，合而为一：

★ 唯一值得为之努力的事情就是受训员工的目标，同时也需要将受训员工的目标与公司的目标协调一致；

★ 只有能帮助受训员工实现目标的资源才值得赞美；

★ 赞美传达了欣赏之情，可以帮助受训员工（重新）挖掘自身的资源，并（再次）加以利用。

聚焦答案 =（1）目标导向 ×（2）资源导向 ×（3）赞美

聚焦答案培训会帮助受训员工清晰地构建自己的目标，受训员工可利用自身的资源来实现这些目标，通过对受训员工所利用的资源表示赞赏，称赞他所付出的努力，聚焦答案培训师可将工作关系中的变革潜力最大化。

只要引导有方，就没有完不成任务的员工

聚焦答案 = 目标导向

毫无目的的漫谈犹如大海一样，又深又广，不停地变换方向，因而显得杂乱无章。聚焦答案培训是专业人士的一场目标导向式活动，他们要帮助受训员工实现目标。

目标可以是非常具体的、非常渺小的、非常实际的，也可以是支配灵感和幸福的一切内容。

清晰明了且可实现的目标能为培训师和受训员工的努力提供引导方向。

设定目标式问题

我们今天应该谈论什么才能让我们的谈话可以对你有所帮助呢？

设定目标式问题犹如经过精心切割的多面形钻石：

- 我们帮助受训员工构建自身的目标，并将目标具体化；
- 我们将受训员工置于他所应属的位置：中心；
- 这能帮助培训师倾听受训员工的需求，而不是倾听他的良好意图。

设定目标式问题所具备的功能元素

我们—— 今天——	合作：团队！ 此时此地
应该——	强制：培训不是一种选择性的活动
谈论—— 什么—— 才能让——	不管在哪个层面，语言都是我们最重要的工具 内容和程序 未来导向和预测
我们的谈话——	谈话是一种互动，在这个过程中，工作关系是转变的动力
可以—— 对你——	确定情况 受训员工是整个培训活动的核心，而培训师只是为受训员工服务的工具
有所帮助——	利用价值
？——	因为受训员工是问题回答者，所以成了自身目标的拥有者

聚焦答案目标的重要性

在聚焦答案干预中，每次谈话都是为了刺激受训员工对未来进行思索，在这个未来中，问题不会像今天这般如出一辙。而这样做有助于受训员工设定几个最初的小步骤，这些步骤将尽可能清晰地指向他心中所渴望的情景。为此，我们可以使用以下问题：“你想成就什么？你想去哪里？你如何注意到自己正处于正确的方向上？你如何知道自己已经达到目标？为了达到目标，你必须采取哪些小步骤？哪些最初的细微迹象能告诉你自己处于正确的轨道上？”

通过回答这些问题，受训员工成为自身解决方案的设计师，开始谱写自己未来的篇章。

培训师与受训员工携手共创理想未来

在受训员工和聚焦答案培训师之间问与答的互动中，通往目标的解决方案就慢慢地产生出来了。

随后，培训师与受训员工会发现他们永远不可能预先提出解决方案：未来是一步一步创造出来的。

带人小贴士

未来是一步一步创造出来的。

实用的目标清单

聪明的专业人士会寻求最佳效益，聚焦答案培训作为一种工具帮助他们使用尽可能少的时间和精力来实现最佳效益。他们通过提问邀请受训员工尽力而为，这种问与答的合作方式旨在实现有益的目标。该类目标具有以下特征：

1.实用；

2.现实；

3.可达到；

4.从行为上可观察到；（如果……你会有什么不同的做法？）

5.最好还是由小到大。

大梦想，小步骤

一小步一小步地向前努力并不意味着你不能拥有雄心壮志，也不意味着你不能怀抱远大的梦想。正好相反！比尔·盖茨和史蒂夫·乔布斯如果没有远大梦想，就都无法实现自己的想法；纳尔逊·曼德拉自青年时期便希望自己有一天能成为南非的首任黑人总统，之后，他在监狱里待了30年；马丁·路德·金在“我有一个梦想”的演讲中描述了自己的梦想，他的梦想在当时来看是人们不敢想象的，然而，“我有一个梦想”这次演讲对人们的思想产生了激烈的冲击，以至于自此之后，他们的行为随之发生了变化。

可是，聚焦答案培训也包含实用思想：将大梦想转化为引导性的小口号，然后将小口号转化为更小的步骤。毕竟，伟大成功的最佳基础便是之前的每一个小小的成功。

带人小贴士

将大梦想转化为引导性的小口号，然后将小口号转化为更小的步骤。

与公司目标协同一致

如果我们假装受训员工是在真空状态下工作，那么我们的目光就过于短浅了，他总是在公司环境中工作的。因此，如果仅仅实现了个人目标，然而个人目标与公司目标不一致，那就不符合受训员工的利益，在这种情况下，受训员工将不再适合这个公司。聚焦答案培训师的任务是邀请受训员工将自身的目标融入公司更宏大的目标，可是，这只能是一种邀请——关于如何处理自己的工作与生活，由受训员工自己来做决定。

除此之外，培训师和受训员工都可以选择赞同或者反对公司的目标，同时也可以自由决定他们是否要为拥有这样目标的公司服务。

培训与心理治疗的不同之处

有时候你会听到有人说，费用是培训与心理治疗之间唯一的不同之处，虽然说话者是开玩笑的，但是话里却半带真意。当然，这种观点是不正确的。

心理治疗与培训最重要的不同之处在于：在心理治疗中，唯一值得关注的目标是客户的自身目标。

培训则不然，因为在培训活动中，唯一值得关注的目标是受训员工与其组织目标相吻合的个人目标。

与经典的SMART标准的不同之处

赫赫有名的SMART代表“具体性（Specific）、衡量性（Measurable）、可达性（Attainable）、相关性（Relevant）和时限性（Time-based）”，人们通常将SMART演绎为：在一段时间内，以可衡量的效果来实现一个具体明确、可实现的目标。SMART标准对于更为机械化的程序十分有用，可是，它有两个主要的缺点：第一，它有语义特征：目标必须是可达到的，因为SMART标准认定，为无法达到的目标而努力是毫无意义的；第二，有些目标很难去衡量或者根本无法去衡量。所以，经典的SMART方法更适用于机械化的程序。

从另一个方面来说，聚焦答案培训总是将焦点集中于受训员工的学习过程，即“学会学习”。培训活动中的学习过程主要体现在心理、感情、精神、行为或者组织等方面，准机械性的学习过程必须在固定的时间框架内完成。所以，在大多数的时间里，培训与这个过程毫无关联，这就是为什么在聚焦答案的实用目标清单中，没有T（时间）的位置，除非这个“T”代表的是“通往未来”。

团队会议

对于大多数端坐在会议室中的人来说，会议内容往往很容易预测，但是不管是在会议过程中还是在会议之后，我们总在疑惑这个会议到底是关于什么的。下次有机会的话，我们邀请你用以下问题作为会议的开场白：

“在本次会议中，我们需要谈论什么内容，才能让各方，包括参加会议的人、公司以及客户，都有所裨益呢？”

请注意！这样的开场白会让会议的时间缩短，此外，如果在这一点上，会议大同小异、并无新意的话，你会发现自己会取消很多会议……

众目标之母：幸福

研究表明，一旦马斯洛需求金字塔中的基本需求（生理需求与安全需求）得到满足，世界各地的人们都会为同一件事情而奋斗：快乐，或者更准确地说，幸福。

根据积极心理学之父马丁·塞利格曼的观点，幸福与许多因素相关，我们可以将这些因素归纳为：积极情感（欢愉、人性的温暖、快乐、舒适，等等），专注（深切关注活动本身，而对自身的思想或者情感毫无知觉，让人觉得每个事物都在自然而然地运转），以及有意义（与比自身个体更伟大的事物相关联）。在近期的著作中，塞利格曼又加上了两个因素：友善的关系以及在生活中有所成就。

研究表明，那些声称自己在个人生活及职业生活中处于幸福状态的受训员工能更良好地做事，身体更健康，对身体和精神上的打击能更自如地应对，能更长时间地工作，精神更加愉悦，工作效果更好。

幸福与灵感、喜悦、热情、能量、灵性、克服困难、连通性等因素息息相关，幸福就是对生活中看似平常的事情感到心满意足，“知足常乐”正是其精髓所在。

通向幸福的自我培训模式

作为聚焦答案培训师，我们的任务就是要辅助我们的受训员工（再次）帮助自己和他人利用他们自身的资源来实现目标。这样我们不仅可以帮助受训员工摆脱他们的问题，以及／或者使他们行事更加高效，还可以将培训再推进一步，开拓一个新的专业领域来帮助受训员工提升幸福感。

想要亲自体验这个过程，你可以自己进行练习，也可以邀请受训员工、同事以及工作伙伴进行练习。

实操练习：幸福：越具体越好！

- ★ 最近的假期中最令你感到温暖的记忆是什么？
- ★ 上周你所做的最令人兴奋的事情是什么？
- ★ 你生活中最重要的记忆是什么？
- ★ 除了收入和计划，你看重工作的哪些方面？

实操笔记：

帮员工挖出藏在眼皮底下的资源

聚焦答案＝聚焦资源

关于人性的聚焦答案观念告诉我们：不管生活如何困苦，总有一些事情仍旧进展顺利，我们总能找到值得坚持的东西。

即使在你生活一帆风顺的时候，挖掘自己正在使用哪些资源也是大有裨益的。

当你意识到哪些资源总是唾手可得，以及／或者哪些资源是你不假思索就能加以利用的，你就可以更好地把控自身能力。

资源的一般性定义

不讨论细节和内容的话，资源是指能帮助受训员工实现自己目标的任何事物。

重新挖掘资源

当我们被铺天盖地的问题吓得目瞪口呆时，我们往往会找不到自身所拥有的资源，然而，我们的资源总在那里，即使我们（视线暂时被遮住）找不到它们。聚焦答案培训师是挖掘（或者说辅助挖掘）资源的专家，这样人们自身的资源就能够再次出现在自己的视线之中，并可以加以利用。

带人小贴士

无形资源包括努力、动力、忠诚、团队精神、专业知识等。

带人小贴士

有形资源包括沟通技巧、危机和冲突管理能力、流程控制、业务洞察力、技术工具、时间、资金、注意力等。

资源侦探

如果你想取得“最小一最大”效果，就请确保你一直在受训员工身上及其所工作的系统中查找资源。

受训员工能（重新）发现越多资源，他便能越高效地实现自己的目标。

资源的5个藏身之所

有时候，资源就隐藏在我们的眼皮底下！这就是为什么说了解资源惯常的藏身之所是一件好事。这些“藏身之所”包括：

1. 例外时刻；
2. 其他情景；
3. 自身工作环境；
4. 时间与空间的变化；
5. 部分解决方案。

藏身之所1：例外时刻

对于一个问题来说，它不可能一年到头每天都以同样的方式发生，总有那么一些时刻这个问题没有（不再）出现，或者情况没有那么严重，或是以不同的形式出现。聚焦答案培训师对这样的时刻尤为感兴趣，因为此时此刻受训员工正在使用他们的资源。培训师不会将问题放大，相反，我们会将焦点集中在那些问题没有发生、问题严重性有所减缓，或者出现形式有所不同的时刻。这些例外时刻正是寻找解决方案的开端。

我们所使用的方法很简单：围绕例外时刻提出尽可能多的细节问题，你会发现这些问题的答案中就蕴含着（部分）解决方案。这些问题不仅能帮助受训员工看清自己的问题，还能帮助他们将部分解决方案扩展为可选择的完整解决方案。

我们可以提出的问题是：

- ★ 当问题没有发生时，你的做法有什么不同？
- ★ 问题没有发生的时刻与问题发生的时刻有什么不同？
- ★ 当问题还不是如此严重的时候，谁采取了不同的做法？
- ★ 依你看，这个陷入僵局的项目中哪些方面仍旧运作良好？

我们的经验表明，那些很小的部分解决方案是非常良好的开端，我们可以对这些解决方案进行系统化放大，直到问题本身得以解决。

聚焦答案培训是一种技巧，是通过提出有用的问题，从而引出对逐步完善的解决方案的一系列反应。

藏身之所2：其他情景

资源可能会隐藏在另一种情景的解决方案之中，然而如果没有身处其中，人们往往想不到它。聚焦答案培训会让现存的资源显现出来，以使这些资源能在问题出现的情景中得以运用。

实操案例：惧怕讲话

公司的总工程师在他的团队面前能够做出对技术问题一针见血的商业演示，但是当他需要在高管面前做演示时，他常常会没有安全感，只谈细节问题。你可以通过观察他是如何在团队面前做商业演示的，然后询问他在上司面前表现不好的可能原因，从而有效地帮助他提高演示技能。通过反思他自己在团队成员面前演示中用到的技巧，他明白了自己在哪方面做得很好，要把这些技能应用于更具挑战性的环境（在高级管理层面前演示）中，一点帮助就足够了。

有一位员工非常害怕失败，他很少在会议上讲话，但是在会议的间歇他会和同事聊自己聪明的想法。但是很可惜，由于他没有在会议上提出这些想法，他大部分的聪明想法都没有被应用。他这些聪明的想法就像蒙尘的美玉，因为他不敢在会议上提出这些想法，害怕自己的想法不被大家认真对待。你可以通过一些做法帮助那位同事，也帮助你的团队，让团队从这些想法中受益。比如，你在会议上寻找一个合适的时间，然后请这位员工发表自己的意见。

藏身之所3：自身工作环境

资源真的就藏在眼皮底下！在你的工作环境中，隐藏着丰富的资源，等待你去挖掘。让我们来看一些例子：团队内的积极合作，一些团队成员应有的必要态度，你的工作伙伴所具有的特殊技能或者处事技巧，你所在公司的市场领导力和／或思想领导力，善用金钱手段，自身业务对新进人才的吸引力等。

实操案例：对沟通技能的培训

一位工程师进入了公司的领导层，负责协调大型项目。在会议中，他的确可以对自己的工作伙伴发号施令，可是在私下的交往中，他还是那么和蔼可亲。后者特征是一种资源，能够帮助该工程师提升自己在团队中的沟通技能。

藏身之所4：时间与空间的变化

通过减少或者改变那些不大有效的行为，抑或以用于其他情况的对应方式来取代这个行为，就能有效地发现资源。

实操案例：惧怕失败

惧怕失败的员工从来不在会议中介入发言，但是，他会利用会议间歇来表达自己的观点，可是不管他在茶歇中分享的观点具有多大的潜在作用，它们都只能是想法、思想，想来大家不会重视他的意见，因为他太害怕了，无法在茶歇后当众说出自己的想法。他的聚焦答案型经理通过创造机会，让他更加有助于会议，引导他在会议中表达自己的观点。

藏身之所5：部分解决方案

有时候，部分解决方案就隐藏在问题之中，但是如果没有人将它们界定为部分解决方案，它们就还是问题中的一部分。其实，这部分解决方案可以从问题中分离出来，而华丽转身成为一种新颖的可能性。进行聚焦答案思维训练，你就能在纷繁杂乱的问题中发现可能性。

良性的资源细菌

一旦你意识到资源的重要性，并且训练自己四处发现资源，你就能轻而易举地将这种理解如同益生菌般发散开去。一旦这种资源细菌变得不可消亡，人人都会在日常点滴中窥视到它的有益效果，而聚焦答案培训师需要做的只是去鼓励这种细菌的进一步扩散。

实操练习：资源：越多越好！

想一下你最喜爱的受训者（甚至是你自己），把他的资源尽可能全面地罗列出来；然后，再想一下最令你感到头疼的受训者，也将他的资源尽可能全面地罗列出来。

如果在下一次培训会面中，你问他："我认为XYZ（均为恰当的资源）是你可利用的一部分资源，是一些能帮助到你的东西，对吗？"那会发生什么事情呢?

在下一次培训会面中，这会产生什么不同的效果？很可能发生的变化是你最喜爱的受训者取得了更大的进步，而最令你感到头疼的受训者也开始出现长足的进步。

实操笔记：

给予员工精准的赞美，而不是泛泛夸奖

聚焦答案 = 欣赏态度

聚焦答案方法的基本态度就是，带着诚心诚意的友善、尊敬和礼貌，真诚地表示自己可以看到受训员工所面临的困境和所具有的可能性。

给予赞美，表示欣赏

赞美是表示欣赏的方式，不仅要赞美受训员工的为人态度，还要赞美受训员工对自身行动负责的行为。德语中有一个词“wertschätzung”（欣赏的价值）对我们所述的“欣赏”做出了更为精准或者说更为完整的描述。

赞美他人，你会获得什么呢?

赞美他人的技巧具有一举多得之效，是强化受训员工有效行为的一种强有力的积极方法，你可以由此建立起积极的工作关系，帮助受训员工增强自信心，引出积极的焦点，而不会将问题放大开来。简而言之，你可以帮助受训员工做有用的事情。

前提条件：直言不讳或者三缄其口

总是给出真挚而诚恳的赞美，如果你自己对这些赞美都觉得言不由衷，那么最好还是保持沉默。

赞美必须以现实为基础，如果演讲还没有进行，就不要称赞这个演讲很棒。演讲之后，我们的确需要表达赞美之情。如果你跟别人说“你每天都能来上班真是太棒了”，这不是赞美，但是，如果你指出他总能按时到达办公室，那就是一种赞美。

带人小贴士

赞美员工的某个行为，而不是泛泛赞美。

赞美仍旧是忌讳吗?

很多人觉得获得赞美是件难事，更不用说给予赞美了。管理者常常会承认自己对员工的表扬还不够，但他们对待其他管理者却都很友好，对那些职位更高的人自然更和善。不幸的是，仍旧有人认为，那些以专业行事的名义，对下属颐指气使的管理者是好领导……

人人都喜欢赞赏

每个与人共事的人都有这种体会：人们对他人对待自己的态度非常敏感，从我们自身的阅历中，从许许多多他人的体验中，我们了解到每个人——真的是指每个人——都会被他人的赞许和积极的鼓励所影响。

赞美有别于阿谀奉承或者轻蔑鄙视

赞美与言过其实的积极（“嘿，很高兴认识你，真想你啊！”），或者虚情假意的乐观毫不相干，这类行为更可能让结果适得其反。赞美别人绝非阿谀奉承，奉承是一种不真诚的、虚伪的行为，是以虚假的方式来对待别人。那些试图让受训员工的问题看起来比现实情况要好一些的行为总会带来负面效果。

带人小贴士

那些试图让受训员工的问题看起来比现实情况要好一些的行为总会带来负面效果。

史蒂夫·德·沙泽尔对赞美的理解

史蒂夫·德·沙泽尔在研究聚焦答案方法的早年间，曾经接受过一次采访，在采访中他告诉他的朋友约翰·威克兰：“我常常看到的情况是一些同事——让我们称之为怀有良好意愿的业余菜鸟——或多或少有这样的想法：给出的赞美越多就越好，于是他们源源不断地给出溢美之词，让客户觉得无聊透顶，以致他不再认真对待这些赞美。赞美的洪流会将可怜的客户冲走。”

给予赞美来表示欣赏并不是将批评摒弃在外

表示欣赏并不是将批评摒弃在外，成功的培训师不是一个仅仅会以奉承来行事的软蛋，不会忽略所有问题和紧张局势，也不会是一个盲目乐观的人，认为所有的事情都能顺风顺水。开诚布公的评论、尖锐的评语和抱怨，让工作伙伴安分守己、恰如其分的答复和决断，这些都各有各的用处。可是有一个条件：这一切都应予以恰当的尊重，绝不能有损与受训员工的工作关系。

每句赞美之词都会产生收益

你一定要坚信善意而恰当的赞美从不会明珠暗投，培训师或者管理者所给出的善意赞美会对受训者或者员工的工作及对公司本身产生影响，其效果正如父母称赞自己的孩子一样：积极效应是不可抗拒的。

带人的技巧和工具都很简单，灵活运用是关键

GRC方程是什么？

GRC方程是一个强大有力的工具，它总是：

1.询问受训员工的目标；

2.关注受训员工的资源；

3.谨记给予赞美；

4.注意最小—最大效果：只给予相关的赞美。

相关赞美是什么?

当赞美是表达对受训员工有用资源的欣赏，即这些资源能够帮助他实现自己的目标，那么这个赞美就是相关的。相关赞美将会让你事半功倍，实现最小—最大效果。

为什么说是黄金方程?

原因很简单，就是因为GRC方程是一个令人惊叹的记忆工具，能帮助我们不会再忘记或忽略任何东西。毕竟——

★ 如果你忘记询问受训员工的目标，以及／或者你忘记了自己作为培训师的（本分）工作目标，那么培训就难以产生效果；

★ 如果你看不到受训员工的资源，那么很可能你和受训员工都会陷入绝望的泥潭；

★ 如果你忘记保持简单以及——在“越大就越好”的借口下——你向受训员工发出赞美的糖衣炮弹，对每件事情都赞不绝口，你将失去自己的信誉，并最终丢掉自己的影响力。

你怎样才能做到这点呢?

当你在帮助受训员工看清自身的目标时，你要倾听受训员工当前的优势所在，然后，你要对受训员工能用以达到目标的资源给予精准的赞美。

实操练习：尝试运用GRC方程

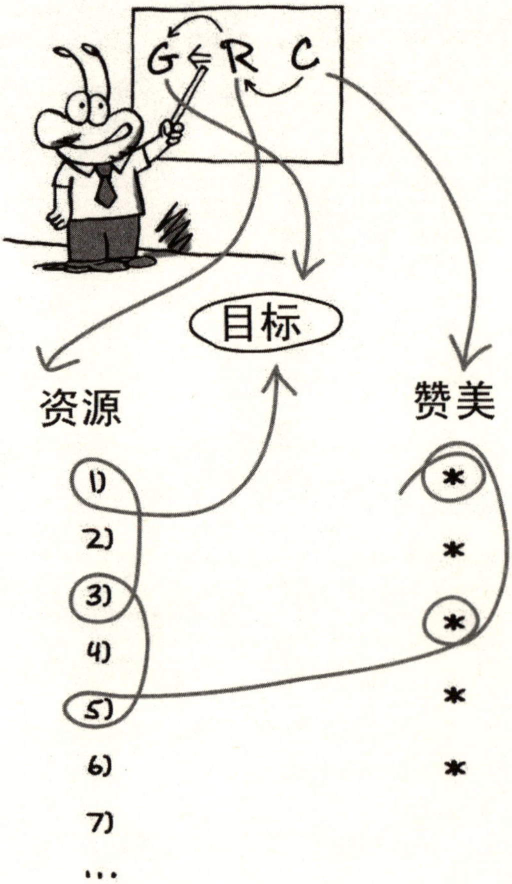

为了提升你自己和受训员工的聚焦答案技巧，请试一下下面的方法：

选择一个你目前正在处理的案例，尝试去概括受训员工的目标，把你所发现的受训员工的所有资源详细地列出来，试着找出当前受训员工为达到目标所需要的资源，接下来，只对受训员工的相关资源表示赞赏，同时指出这些资源会如何帮助受训员工实现目标。

这幅简画展示了GRC方程的三个核心元素，箭头从“赞美”出发，通过可利用的“资源”，直达可达到的“目标”。

一旦你做到这一点，请与受训员工进行分享，你会惊讶于这一切所产生的不同效应。

此外，简画的底部可当成GRC表，供每次培训会面使用，它会帮助你将焦点集中于核心元素上。而且，在培训结束后将GRC表交给客户，可能也是个好点子。

实操笔记：

Chapter 3
推倒领导与员工之间的那堵墙

举例说明什么是授权角色

假设你不想吃午餐，相反，你想去做些冒险的事情，例如管理交通秩序，于是你找到附近的一个川流不息的十字路口，穿着便服开始指挥交通，那么你成功的机会微乎其微。管理交通秩序是件严肃的工作，你需要一定的技巧来指引正确的方向，而且你很可能会被车撞倒，因为那些匆匆行驶的司机可能会想："这个站在马路中间乱挥手臂的傻瓜是谁？"

你比别人都聪明，所以你绝不会让这种情况发生。首先你会去一个服装店，租一套警察制服，然后你直接走到同一个路口。不过你能成功管理交通的机会仍旧很小，虽然你穿上了警察制服，但是你并没有掌握这个工作的专业技能。不过你被撞的风险就大大减少了。为什么呢？因为在司机的眼里，当你穿上警察制服时，你就在扮演警察这个授权角色。

授权角色的定义

授权角色是指执行某项功能所需的许可。如果我们要在十字路口管理交通秩序，我们就必须确保我们获得了警察的授权角色，在那些匆匆行驶的司机的观念里，我们有权管理交通，是因为身上的制服让我们看起来像个警察。

这意味着你并不“拥有”授权角色。你“收到”授权角色是因为从客户的角度来看你获得了授权角色。实际上，授权角色是在互动的过程中产生的。

如何履行授权角色？

由于我们在自己的工作中扮演着不同的角色，我们总是有着多个授权角色。你可能是个管理者或者工作伙伴，你还可以是个团队领导，你可能会被安排去辅助内部机构的发展，你必须紧跟自己领域内的前沿趋势，你负责生产，你承担法律上、专业上和道义上的责任。

这些不同的职责要求你充当不同的授权角色。作为团队领导，你会引领、帮助、训练自己的团队；作为管理者，你会培训、掌控和激励自己的员工；作为培训师，你会反思、激励和推动自己的受训员工；作为同事，你会开拓、计划、分享以及付诸具体行动。

将这些方面总结起来，我们同时看到了三个授权角色：领导者、管理者和培训师。依照不同情况，某个角色会更突出，然而其他角色也不会相去甚远。

没有追随者，就没有领导者

三大授权角色

1.领导者

作为领导者，你通常会非常忙碌——你起带头作用，让别人参与进来，设定大框架，发出会议指示：邀请谁参加，是否请其他方参与进来，谁先发言，在何种时刻采取何种措施，什么可以更加深入地探讨。即使在你并不活跃的时候，你也应该保持活跃。

当然，要获得领导者这个授权角色，你需要一次一次地努力，你的领导方式很大程度上决定了你是否真的会被追随。没有追随者，就没有领导者。

在每个培训项目中，受训者都是核心，因此培训师利用自己作为领导者的授权角色将领导权转交给受训者是十分重要的。如果你积极主动地与你引领的受训者分享领导权，那么这个领导者的角色就会产生重大影响。

“如果我错了，请更正我，但我其实想说……”这样的提问方式更适合领导者。培训师邀请受训者来进行修正，甚至对培训本身的问题提出更正，这样，你就让受训者掌控了自己的学习与进步过程。

通过此类建设性的问题“你有没有想过……如果……那你会怎么想呢”，我们就能利用自己领导者的授权角色使受训者成为这些建议内容的主人。

领导意味着做决策，决定应采取什么行动，只要这样做遵循了道义，那么就没有错，那么你履行领导者这个授权角色的方式就可以让受训者从中获益。

2.管理者

作为培训过程中的管理者，你必须与自己的受训者制定明确的协议，同时，你还要负责制定和管理前提条件：把握正确的时机，邀请合适的人，按时开始和结束，安排一个整齐的会议室，确保参与各方在会谈中都获得积极参与的机会。

3.培训师

作为培训师，你的任务就是去创造一种情景，在这个情景中，你能帮助受训者通过运用自身资源来帮助自己以及相互帮助。

学习以不同的方式来感受和思考，能根据挑战环境而做出应对，这些正是聚焦答案培训内容的核心所在。

如果通过学习，受训者学会了如何处理今后遇到的问题（以及／或者应对未来的挑战），并且总是能够充分利用自身资源，那么他就不再需要我们的帮助了。他已经成了自己的培训师。简而言之，培训师的任务就是尽可能快速、永恒地让自己变得多余。

带人小贴士

正确对待自我怀疑；放手让员工去做；你的员工在行动，而你负责高瞻远瞩。

聚焦答案方法比纯粹的训练要更有广泛性

有时候，从管理者的专业技能和领导者的责任上看，我们必须干预现实——有时我们不得不把握团队必须前进的方向；有时我们需要设定目标，而不是由我们的同事来设定目标；有时我们必须终止与某位同事的合作；有时我们不得不发出指令，甚至命令；等等。这些干预来自我们所处的领导者的位置，作为领导者就意味着我们肩负着最终的责任。这些都是基于领导者和／或者管理者授权角色的干预，而培训师这个授权角色则有所不同。

如果专业人士能够充分意识到他们并非总是一个培训师，并非在任何情况下都扮演培训师的角色，那么他们就会更加成功。

三大授权角色同台共舞

以聚焦答案方式来行事就意味着你必须不停地在这三个角色中进行转换，作为领导者的授权角色之精髓在于你精确地知道在何时、如何使用培训师或者管理者的角色。毕竟，是以培训师还是管理者的身份来进行干预，这是由你自己——根据你的专业知识、经历、责任所在和对当前情况的了解——来决定的。

这三个授权角色融合起来就是聚焦答案方法的行为模式。

将受训者推荐给专家也是聚焦答案培训的组成部分

如果你认为另一位培训师会更适合，或者你对受训者的案子不是很了解（或者不够了解），那么请不要犹豫，将受训者推荐给拥有更多专业技能的专家。

受训者是你最优秀的训练员

聚焦答案培训师深知自己可以从受训者身上学到最多的东西，会将与受训者的每次谈话转化为一次为自己和客户而进行的学习经历，聚焦答案培训师承认自己能管理培训进程，然而他却不能掌控它。

在可能的地方，在需要的时候，给予支持

什么时候需要进行培训？

当一个人因为现在的做法就是行不通（或者不够好），“决定”不再继续做自己正在做的事情时，那么他就会变成受训者。培训会帮助受训者摆脱进一步发展道路上的障碍，或者至少在障碍周围找到出路。培训是一个学习的过程，在这个过程中，受训者通过学习，学会处理那些让他困扰的事情，并且希望这些困扰会少一些，或者不再困扰他。聚焦答案培训帮助受训者从自身及专业上寻找发展的空间，让他能充分运作自己的资源，充分利用各种各样的可能性。

带人小贴士

培训会帮助受训者摆脱进一步发展道路上的障碍，或者至少在障碍周围找到出路。

什么时候不需要进行培训？

很简单。如果对于受训者来说，不再存在学习过程，不再需要对现实进行干预的话，那么你就不需要再履行作为培训师的角色。如果办公楼起火了，停止培训活动，赶快和受训者一起跑出去！

我是管理者，我不想去做培训

好吧，那么你有大问题了。正如不沟通是行不通的一样，不去培训也是行不通的。如果你不积极主动地去做培训，你的培训工作就没有建设性，既然你无法“不去培训”，那你最好还是去好好地关注它。

培训中的领导力要求引导和调整

作为培训师，有时你需要去引导受训者，尤其是当受训者冒险走向一条没有出路的路，或者有害于公共安全，甚至走上犯罪的道路时。因为我们不是警察，更不是受训者的父母，所以我们无法阻止人们去做一些事情，但是我们可以建议他们不去做一些事情，或者以不同的方式去做事情：“如果你问我，如果我是你我会怎么做，我可能会告诉你我不会这么做。”

简短地说，通过聚焦答案培训，在可能的地方，在需要的时候，我们将会给予支持，引导或者做出调整。

带人小贴士

要把庸才变成干将，上司先要做个干将。

茵素·金·伯格关于“后方领导”的比喻

茵素·金·伯格通常会用以下比喻来阐明“后方领导”这个概念：“管理者就像一个农夫，他想用小棍子将母鸡和它的小鸡赶过繁忙的马路，因为他担心它们会被撞到，于是这个问题导向型农夫企图把母鸡和小鸡赶着快点过马路，可是结果却是鸡群散开了，一些小鸡很有可能被开过来的车碾到。而聚焦答案式农夫会慢悠悠地走在鸡群后面，用柔和的‘声音’以及鼓励性的动作来帮助它们一步一步地穿过马路。当然，如果聚焦答案管理者同时用手示意来往车辆暂停的话，那就更为有效了。”

实操案例：有胆识的培训师

斯蒂芬是一个中型企业的总裁，他找来一位聚焦答案培训师对营销部主管克拉拉进行培训。据斯蒂芬说，问题的症结在于克拉拉同时处理的项目太多，导致他无法完成工作。但是，他认为克拉拉对于公司来说作用极大，所以才为他请来了培训师。斯蒂芬曾经尝试改变他的工作模式，然而都无济于事，他认为他的做法只会让克拉拉对他避而远之。

培训师和斯蒂芬进行了谈话，对公司的领导模式有了更多的了解。他想找出：这是否只是孤立的个案，或者是否有更多的人涉及其中，但是斯蒂芬不喜欢扩大调查的范围，他要求培训师将自己的精力放在克拉拉身上，而不要去关注别人。对于培训师提出的关于他自身领导方式的问题，斯蒂芬总是遮遮掩掩，言不由衷，他还没有准备好将自己的管理模式放到显微镜下仔细研究。

培训师开始对克拉拉进行培训，与他几次会谈后，他准备使用一种更加以项目为导向的方法。受训者克拉拉与客户斯蒂芬对于这个结果都感到很满意。

数月之后，斯蒂芬再次联系培训师，这一次是他的销售经理詹姆斯，他也出现了和克拉拉之前一样的问题。在与销售经理进行了一次快速而成功的干预会面后，培训师发现其他员工也有着同样的问题，克拉拉和詹姆斯并非孤立的个案，这两位员工说斯蒂芬的工作模式就是“同时处理所有事情”。除此之外，斯蒂芬的座右铭似乎是：“我要把今天当作最后一天来过。”克拉拉和詹姆斯均表示有些人由于用结构化的、有条不紊的方式来工作而被炒了鱿鱼，斯蒂芬责备他们缺乏工作热情，克拉拉和詹姆斯解释道：在公司里，大家认为只有那种忙乱无序的工作方式以及动力十足、进取心强的行为才能真正获得斯蒂芬的赞赏，即使这会使结果一片混乱。

现在，培训师在想是否应针对这条新信息做些什么，怀着对客户真诚的担忧，他决定鼓起勇气给斯蒂芬写一封邮件。

在邮件中，培训师以一种友好却很清晰的方式解释说，他认为克拉拉与詹姆斯的真正问题现在已经解决了。他罗列了一张长长的清单，涵盖了公司的所有优势，此外，他预测“类似的问题可能在未来还会出现”。他解释说这样的企业文化让员工倾向于从一个项目跳到另一个项目，毕竟他们认为这是唯一被接受的表现自己工作热情的方式。

当斯蒂芬阅读这封邮件时，他真觉得是如鲠在喉，难以下咽。可是，他很快就意识到这封邮件中揭露的实情，因此他决定组织一次小组会议，把问题开诚布公地讲清楚，然后改变自己的领导方式。

实操练习：反思案例

在这个例子中，培训师运用了哪些不同的授权角色？你会做同样的事情吗？在成功地为詹姆斯进行培训后，你会不会就此停止？你会不会选择再次干预，而不是发一封邮件？你怎么评价这封邮件？你是否会提出与斯蒂芬会面？如果是的话，你会说什么、问什么、给出什么建议？

实操笔记：

Chapter 4
怎么说，员工才会听进去、做起来

何为聚焦答案式语言：以周一晨会来举例

议程：上周哪里出了问题？

本周预计会出现什么问题？

从中期来看，哪些问题必须处理？

这是一个典型的议程，即使这些主题没有被列入议程，会议也往往会围绕这些主题进行，每个与会者都需要给出自己对问题的看法。由于人们（太过）经常认为分析问题是绝对必要的，因此每位参与者都会慢慢地被拉入这个旋涡，把所有注意力都集中到问题上。此时此刻，会议的干预度会用以下因素来衡量：与会者在发现和强调已有重大问题的一些更加模糊不清的因素上的老练程度。在一些案例中，如果一个人想出了最程式化的根本原因，而另一个人给出了最清晰的问题分析，结果往往是前者比后者更胜一筹。

问题导向会造成问题，聚焦答案会创造解决方案

问题导向式头脑风暴

设想你正在与自己的员工深入讨论公司的未来。

尝试做下面的练习。

在会议的第一部分，只找出公司存在什么问题，哪些事情无法运转，问题出在哪里，阻碍公司发展的障碍有哪些。半个小时后，询问与会者——包括你自己——的感受，可以肯定的是，绝大多数人会觉得压抑难耐、无精打采、沮丧不堪。毕竟在所有现存问题之上，新问题已经在酝酿堆积，不祥的多米诺骨牌会越排越长，积极事件出现的概率近乎为零。

问题导向式语言

问题导向式语言引导我们对问题及其内在成因进行深入探究，自动回顾历史，因为历史正是所有这些不幸根源的隐藏地。一旦定位了问题，明确了问题，以及对问题进行了探究，问题成因就能被消除，就是这样！

不幸的是，事情不会像这样发展，这种机械化的方法最适用于那些有明确成因的事情，这些明确的成因引致清晰的后果，然而相较于这种方法来说，人类的思想、情感和互动有点太复杂了。

带人小贴士

如何听，员工才会说；如何说，员工才会听。

史蒂夫·德·沙泽尔的说法

沙泽尔教导我们：“问题导向式语言会造成问题，聚焦答案式语言会创造解决方案。”这话说得很漂亮，但是它是什么意思呢？正如周一晨会的例子所示，我们采用的措辞会直接影响会议的结果。你可以选择引导会议朝聚焦答案方向发展。

聚焦答案式头脑风暴

假设你以这个方式来展开会议：让你的员工列出所有——尽管面临当前问题——运转良好的事情，资源有哪些，取得了哪些成绩，快乐的时刻有哪些，他最美好的记忆是什么，哪些是他不愿意失去的。半个小时后，你再询问员工的感受，极有可能他们会处于愉悦的情绪之中，对于解决问题满怀希望，充满自信。

实操案例：周五晚上

在一周忙碌的工作过后，周五晚上你没有见到你的伴侣，更不用说有时间跟她谈谈，但是因为你第二天不想去参加岳父岳母的聚会，你们的关系变得紧张起来。你的伴侣很生气，对你感到很失望。而你则认为自己的伴侣不理解自己在如此繁忙劳累的一周之后，很想得到片刻的安静。

如果你们一直为此争论不休，甚至还把其他所有事情——过去的争吵、小怒气、快要忘记的争论等，拉扯进来，那么冲突就很容易升级。除非你决定做一些让你的伴侣感到开心的事情：停止纷争，开始一个美好的夜晚。

激励员工将自己的贡献最大化

聚焦答案式语言的三种工具

人类的乐团正在通过三种工具——询问、倾听和诉说，演奏着一曲无休无止的人类互动交响曲。这些工具帮助我们与自己、与他人、与环境进行有意义的互动。

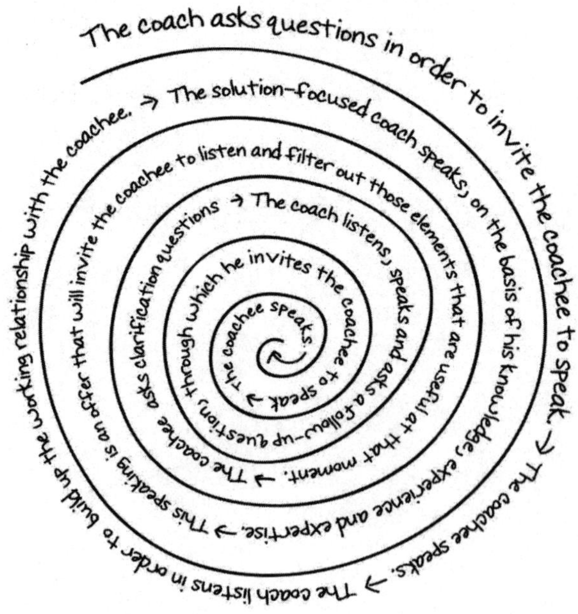

The coach asks questions in order to invite the coachee to speak.	培训师提出问题，目的是邀请受训员工发言。
The coachee speaks.	受训员工发言。
The coach listens in order to build up the working relationship with the coachee.	培训师倾听，目的是与受训员工建立工作关系。
The solution-focused coach speaks, on the basis of his knowledge, experience and expertise.	聚焦答案培训师根据自己的知识、经历和专业技能表达观点。
This speaking is an offer that will invite the coachee to listen and filter out those elements that are useful at that moment.	此次发言邀请受训员工倾听并筛选出当前有用的元素。
The coachee asks clarification questions.	受训员工提出澄清式的问题。
The coach listens, speaks and asks a follow-up question, through which he invites the coachee to speak.	培训师倾听、发言并提出后续问题，以此邀请受训员工发言。
The coachee speaks.	受训员工发言。

培训师的基本态度：我叫曼纽尔

《弗尔蒂旅馆》（由约翰·克里斯主演）是一部广受欢迎的电视剧，故事围绕一家经营十分糟糕的小型英国旅店展开。在这部电视剧中，旅店的西班牙籍服务生曼纽尔说：“我叫曼纽尔，我来自巴塞罗那，我什么都不懂，请对我知无不言，谢谢！”

在培训过程中，我们所采取的便是曼纽尔的态度，我们会自由地提出直接的问题。当我们提问的时候，我们自己并不进行陈述，而是更倾向于聚精会神地倾听受训员工的陈述。

这就是聚焦答案培训师的基本态度。

提问比谈话更佳

总的来说，与不断地在交谈中起引领作用相比，提问这种沟通方式少了一些进攻性和侵略性，说得太多会降低他人的专注度。通过提问可以邀请他人发言，让他做出自己的贡献。事实上，这正是你作为培训师要取得的精髓本质：受训员工运用自身的创造力，激励他们将自己的贡献最大化，帮助他们承担自己的责任。

信息很好，转变更棒

茵素·金·伯格（她与丈夫史蒂夫·德·沙泽尔是聚焦答案方法的创始人）在自己最受欢迎的著作《寻解访谈》中采用了“寻解访谈”一词，而“访谈”一词与新闻有关——通过提问来获取信息。

然而，在聚焦答案培训方法中，我们更进了一步。聚焦答案培训师通过提出问题来帮助受训员工打开自己的视野，在接下来的谈话中找到解决方案。换句话说，通过提出正确的问题，你能一步一步将谈话导向解决方案。

（转变）

在聚焦答案方法中，我们使用循环问答的方式为的并不是收集信息，而是帮助受训员工慢慢发生转变。

（信息→转变）

怎么问，才有利于找到解决方案

聚焦答案式问题

聚焦答案培训师会提出“聚焦答案式”问题，或者更确切地说，“构建解决式”问题：能引出指向解决方案之答案的问题。如果在这些答案的基础上，我们继续提出更多聚焦答案式问题，我们会发现自己正与受训员工一起创造解决方案。

你可以将以下所列问题作为起点，也可以在此基础上提出更加新颖且具有创造力的问题。

★ 为了使本次会议取得效果，我们应讨论什么话题？

★ 我们如何得知问题已解决？如何才能注意到这一点？然后，我们会采取什么不同的做法？

★ 在解决这个问题的过程中，你所采取的最小的步骤是什么？

★ 你的部门中的其他员工如何才能注意到你有所进步？

★ 为了确保我这个培训师真正了解你正苦苦挣扎的根源，你还想告诉我什么其他信息或者向我提出什么其他问题？

★ 你是否曾经解决过相似的问题？你当时是怎么做的？谁帮助了你？他是如何帮助你的？

★ 有没有哪些时刻你的问题并没有如此尖锐，或者问题没有出现？那时候，你的做法有什么不同？

★ 自从我们决定组织此次培训活动以来，事情是否有所转变？

★ 现在你已经取得了这些成绩，接下来你将采取的小步骤是什么呢？

★ 你的老板把你送到我这里来接受培训，他怎样才能注意到你正在取得进步呢？

问题分类：10个大类

聚焦答案式问题种类繁多——本书力争将它们全部涵盖其中，这些问题可细分为10个大类，各类问题之间可以自由组合。

1.背景明晰类问题

★ 首先，请告诉我一些关于你的事情。你做什么工作？当你不工作的时候，你喜欢做什么？你是否有家人？

★ 关于这一点，你能否再多讲一些？

★ 你能举一个翔实的例子吗？

★ 有没有什么与本主题相关的事情我忘记问你了，抑或你忘记告诉我了？

★ 为了确保我对你苦苦挣扎的根源有所了解，有没有什么其他的事情你应该告诉我，或者向我询问？

2.设定目标类问题

★ 为了让我们的谈话对你有用，我们应该讨论什么？

★ 你想成就什么样的人生？

★ 什么会使你心满意足？

★ 什么会令你幸福快乐？

3.持续类问题

★ 哪些事情令你非常幸福快乐，以至于你绝不想失去它？

★ 生活中的哪些事情必须保持不变？

★ 哪些事情是你所享受和希望持续下去的？

★ 在工作中，哪些事情是运转良好，你确定要持续下去的？

4.焦点变化类问题

★ 自预约本次培训起至今，有没有一些事情已经发生变化？

★ 哪些事情你做得很好，哪些事情步履维艰？

★ 你的伙伴／同事如何才能注意到你已经在慢慢进步？

5.差别类问题

★ 有没有哪些时刻问题没有如此严重？

★ 那时候的做法有何不同？

★ 其他人是如何注意到这一点的？

★ 他们对此有何反应？

★ 你对他们的反应做何反应？

★ 当你觉得更加心满意足的时候，你的做法有何不同？

★ 哪些事情让你觉得最为满意？

★ 从0到10，0代表“灾难”，10代表“很好，可以继续下去”，你目前处于哪个位置？

★ 各种各样的尺度问题（详见第6章）。

6.资源导向类问题

★ 虽然问题多多，但是哪些事情（仍旧）在运转？

★ 你擅长什么？

★ 在你的关系网、家庭等因素中，你有什么资源？

★ 如果我向你的伙伴询问你擅长什么，他会怎么说？

★ 应对问题：你如何设法做下去？

★ 在培训活动中，有多少时间对你是有效的？

7.寻找例外类问题

★ 你之前有没有经历过这件事？

★ 那时什么事情和什么人对你帮助最大？

★ 有没有哪些时刻问题没有那么艰难？

★ 有没有哪些时刻你更容易感到快乐？

8.未来导向类问题

★ 你如何能注意到自己取得进步了？那时你的想法、做法和感受有什么不同？

★ 有什么最微小的步骤可以使你注意到你正在取得进步？

★ 假如你的生活更好了，那么它会是什么样的呢？

★ 那么下一小步会是什么？

★ 你如何才能在未来一直保持这种幸福和满足的感觉？

★ 那么当你实现这个目标的时候，你的下一小步是什么？

★ 那么当你实现这个目标的时候，你的下一步是什么？

★ 假设你比现在大10岁，你会如何回顾此时的生活？

★ 奇迹问题（详见第6章）。

9.三角关系类问题

★ 其他人如何才能注意到你正在进步？

★ 当你取得进步时，对于你不同的行事方式，你的伙伴会怎么说？

★ 如果你的父母知道你为了做到最好付出了多少努力，他们会怎么说？

10.建议类问题

★ 你曾经有没有想过……？

★ 如果……那会发生什么呢？

★ 能不能这样……？

★ 假设你试着这样……？

★ 如果……会有帮助吗？

请注意：关于这部分，并没有指南明确指出什么时候以哪种类型的问题进行提问。我们的建议是：练习、练习、再练习。

带人小贴士

提一个谨慎的问题自身就是一种智慧。

还有什么？

也许聚焦答案培训师应提出的最重要的一个问题是：“还有什么？”

这个问题会持续引出更多细节、更多新方向，以及更多层面的信息。只要不断地深入挖掘，不管答案如何，我们都能从受训员工身上找到某个近似解决方案的更多信息。

友善的坚持

针对受训员工给出的答案持续不断地提出问题是至关重要的。通常来说，受训员工对于“还有什么”这个问题给出的第一个答案通常是乏善可陈的，他们会说出自己首先想到的东西，这样做并没有错，可是这些答案里往往不会带有任何新颖的东西。当你以邀请式的友善态度不断地重复“还有什么”这个问题的时候，受训员工会进行思考，给出的答案也常常包含着受训员工从来未曾意识到的事情，这就是新颖的东西，这就是我们所谓的“学习”。

少问“为什么”，多问“怎么办”

回避“为什么”式问题

如果我们仔细查看以上列举的聚焦答案式问题清单，你会发现它们大多是“什么”式问题——什么人、什么时候、什么地方、什么事情。其中，我们最好要回避“为什么”式问题，这种问题所引出的答案与可观察到的事实关系甚微，而且只是一种对现实的解释而已。“为什么”式问题有时候甚至还会引出产生相反效果的答案。想象一下，你向一个产生冲突的团队提问：“为什么你们会产生冲突？”答案极有可能会招致对某位成员的指责，对“为什么”式问题进行头脑风暴往往会导致谴责风暴。

所以我们用“怎样”式问题来取代“为什么”式问题是十分有用的——“你怎样处理这个事情”或者“你怎样做那件事情”。

带人小贴士

少问“为什么”，多问“怎么办”。

有用的问题

在培训活动中，我们通常不时会问："到目前为止，我们讨论过的事情有用吗？"

受训员工往往会给予肯定的回答："是的，有用。"

培训师："哪些对你有用呢？"

受训员工："X对我有用。"

培训师："很好，那么还有什么呢？"

受训员工："Y也有用。"

培训师："不错，还有吗？"

受训员工："就这么多。"

培训师："太棒了。已经颇有成效了。"

不过，有时候受训员工会说："对不起，我觉得没什么用。"

培训师："很好，那我们应当讨论哪些事情才能使此次谈话对你有用呢？"

通过提出后续的问题，我们就能更深入地挖掘受训员工的可能性，帮助受训员工发现他所了解的却并不自知的东西。

有用的问题是帮助受训员工进行自助的工具。当你更深入地思考时，你会发现所有的培训均是由他人来辅助或者监督的"自我培训"，这个辅助者或者监督者最好是专业人士。

有用问题的积极元素

仔细观察初看之下很简单的问题，我们便能发现一些积极的元素：

★ 受训员工处于事情的中心；

★ 受训员工被要求给出反馈；

★ 受训员工的反馈是培训师前进的动力；

★ 在培训过程中，应该承担最多任务的人是受训员工，他必须承担任务，付出努力；

★ 培训就是通力合作，提出问题是这个事实的语言证据。（以培训的专业术语来说，就是行动！）

描述变成了药方

如果我们通过语言将这些有用的问题进行解析，那么就会呈现这样的机制：我们邀请受训员工对工作关系中发生的事情予以反馈，如果根据受训员工的答案，我们不停地提出后续问题，那么受训员工就会清晰并且详细地描述出什么东西对他是有用的。通过向培训师进行如此这般的描述，受训员工实际上为自己开出了药方。换句话说，描述变成了药方。

（描述→药方）

建议性问题

该技术是赫赫有名的催眠治疗大师米尔顿・艾瑞克森的专长，他让现代医学界再次接受了催眠术，史蒂夫・德・沙泽尔则以米尔顿・艾瑞克森的成就为基础，提出了聚焦答案方法。

问题里常常隐含着假设和建议，当我们提问的时候，将这些假设和建议嵌入到问题当中，就能对之进行探究。通过这种方式，你能提出一个建议，正因为建议蕴含在问题之中，所以作答者成了答案的主人，也就是说，提问者通过提问提出一种可能性，作答者则成了上述可能性的所有者，这就好像是他自己创造了解决方案一样，太神奇了！

将解决方案的可能性嵌入到问题或者评论之中，是一门人人可学的艺术。下面列举了一些嵌有假设的聚焦答案式问题，这些问题既可用于一对一培训，也可用于团队培训。

★ 你如何知晓此次会面是有作用的呢？（暗示会面将产生效果）

★ 本应该做何改变就可以让问题得以解决？（暗示问题可解决）

★ 在人手短缺、工作压力大的情况下，你如何坚持继续工作？（暗指虽然人手不足，但是相关人员做得很好）

★ 你与同事之间的合作在何时更为顺利？（暗指合作并非总是很糟糕，将焦点放在积极的时刻）

★ 你是如何以如此之快的速度成功地找到解决方案的？（暗指相关人员能找到解决方案，因为他以前就做到过）

★ 高层管理者如何才能注意到你已经成功地完成了项目？（暗指作为团队，他们会取得成功，有助于将成功的元素转化为具体的细节，这些细节成为他们为之共同努力的未来规划）

★ 哪些具体的信号让你觉得此次并购是成功的？（再一次暗指成功是可能的，邀请他们对必须开始的进程所带来的种种结果进行描述，正因如此，这些结果已经被预测到，因此也将会一一实现）

★ 表明正在进步的第一个细微信号是什么？（暗指成功，专注于小步骤，这些小步骤能带来越来越大的进步）

★ 在上一个项目中，对你帮助最大的是什么，你们都认为项目会严重超出预算并且根本无法按期完成是什么时候？（暗指目前的情况只是看似无望，但在现实中应该是不一样的，专注于寻找解决方案的方法，即那些在其他困境中已经证明行之有效的方法）

你愿意听员工的，员工才会听你的

聚焦答案式倾听

你提出问题，然后得到答案。为了理解作答者之言，你必须仔细倾听。倾听意味着你重视对方，并能使你从对方那里学到一些东西并且增强对对方的了解。在这个过程中，你邀请他人谈论得越多，你学到和了解得就越多。然后，如果你表现出你从对方那里学到了一些东西以及增强了对对方的了解，那么对方也会投桃报李，更加乐意倾听你之所言。最后，你会发现自己置身于一个共创型的螺旋中，这就是“对话”。

问答循环

培训师提出问题，受训员工回答问题，这个答案决定着培训师的下一个问题，而这个问题又决定了受训员工随后给出的答案。

这种提问—回答—提问—回答的循环持续展开，使得受训员工的目标以及实现这些目标的方法在受训员工与培训师的共同努力下显现出来。

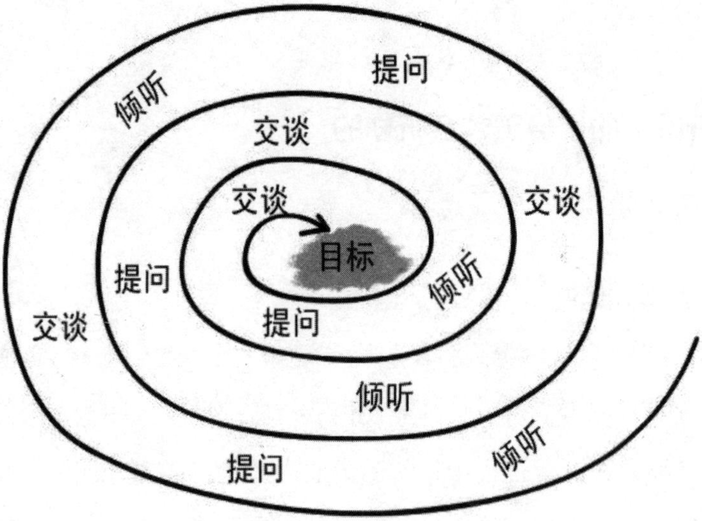

虚怀若谷式倾听

为了成为一位优秀的倾听者，聚焦答案培训师需要拥有公正的开放思想，需要虚怀若谷，这样你所听到的东西才不会被自己的参考框架所裹挟。如同自己毫无先见之明般倾听是一种智慧。人们常说甚至更常误解“放空心智去倾听”这句格言，虚怀若谷式倾听与此并不相同。实际上，人们根本不可能“放空心智”，除非你处于昏迷状态。人们会对所听到的东西进行过滤，这就是所谓的偏见。只要你意识到这一点，那么这种过滤也不完全是件坏事；只要你意识到这一点，这些过滤就不会束缚我们开放的思想。毕竟，我们的思想犹如降落伞一样：只有在打开的时候才能发挥作用。

这种思想上的开放需要一些练习，并且你需要非常努力地将自己一次又一次地置于“起点”的位置，你必须能够且敢于将自我放到一旁，同时你还需要确定自己不会退化至孩童般的天真。

倾听中的沉默

培训师主要致力于设计以及提出一些有用的问题来刺激受训员工的发展进程。当受训员工在回答问题前进行思考的时候，培训师需要做的就是保持沉默。如果保持沉默就是指一言不发，那么这种一言不发所表达的内涵比培训师可用语言所表达的内涵要多得多。

倾听让我们畅所欲言

与通过谈话来获得的信息相比，我们通过倾听所获取的信息要多得多。聚精会神的关注，对他人所言兴趣盎然，会产生一种邀请式效果，改善工作气氛。其中缘由很简单：人们喜欢他人聚精会神地倾听自己。

带人小贴士

专家知而言，智者问而听。

你觉得自己被理解了吗?

在交谈中，如果有一个积极的倾听者，说话者就会为自己创造更多的空间，进而会更迅速地找到被理解的感觉。这很适合积极倾听的培训师。

研究表明：在受训员工对交谈是否有用做考量时，感到被理解与否是最主要的因素。

倾听什么?

与问题导向式培训师相比，聚焦答案培训师倾听的东西有所不同，他专注于捕捉例外情况、资源和可能性。当然，他会听到许许多多有问题的因素：在受训员工的故事里有痛苦、恐惧、失望，有时候甚至是意志消沉，也会承认受训员工所面临的困境。但是与此同时，他还会重点指出受训员工所付出的努力。在受训员工谈论自己的问题时，聚焦答案培训师不会被他的悲惨境遇所蒙蔽，而是会在重重迷雾中窥视到新的可能性，聚焦答案培训师的思想和内心总是聚焦于自己的搜索光束，以此搜寻所有可以提供解决方案的事物。

关于聚焦答案培训的两大经典谬论

我们太常听闻这样的论调：其一是受训员工是自己生活的专家，其二是培训师仅仅是一块毫无贡献的共鸣板。这也是普遍存在的谬论。

不针对问题发言，鼓励员工多谈自己的想法

聚焦答案式发言

由于在聚焦答案培训中，培训师大量使用提问的方式来帮助受训员工，所以人们常常误认为培训师说不出任何东西，从来不会给出自己的观点或者意见，更不用说给出建议了。这真是荒谬！

除了提出问题和积极倾听之外，聚焦答案培训师也会表达自己的观点。聚焦答案培训师擅长把握自身所持的观点和自身所做的贡献，对于他认为对受训员工有价值的事情，他会从自身专业经历和专业技能的角度提出自己的观点，他的目标是帮助受训员工成长并走向理想的未来，一个受训员工能够通过运用自身资源来实现目标的未来。

带人小贴士

提问比告诉员工怎么做有一个关键的优势：回答者对他的回答要有责任感。

虽然聚焦答案培训师所使用的语言与其他人的语言无异，但是他会使用三种聚焦答案式语调。

语调1：什么（仍然）运转（足够）良好?

关于人性的聚焦答案观念让我们懂得：不管生活如何困苦，总有一些事情仍旧进展顺利，我们总能找到值得坚持的东西。遵循着“最小—最大”原则，我们仅仅需要去鼓励受训员工继续坚持，或者做更多。

语调2：问题是如何解决的，那时你的做法有什么不同?

在问题导向型方法中，我们被训练去挖掘问题是如何产生的，为什么产生，产生之后是如何发展的。这样做很有趣却毫无用处，因为对于如何扭转局势，它并未给予我们任何提示。聚焦答案培训师对问题如何得以解决、何时得以解决、接下来又发生了什么等尤为感兴趣，由此，你就能知道要更加快速地解决类似的问题你需要做什么了。

语调3：那么你想要什么呢?

如果你问一个身处困境的人他想要什么，标准答案会是：我想要摆脱它。这是唯一合乎逻辑的答案。很显然，你会建议他解决问题，从而走出困境。不幸的是，如果真是如此简单，那么他自己肯定已经想到了。更聪明的做法是，不针对问题提问，而是问他想怎么样。通过这样做，受训员工很可能会开始专注于其他可能的情况，而这正是解决方案的开端。

有时候，受训员工会继续挣扎、纠结，如果是这样的话，那么给出一些建议会很有帮助。对于提建议，我们的建议是通过建议类提问来给出建议。例如，“如果你不……那么你会做什么？”“如果周末的时候，你不为……忧心忡忡，你会做些什么不同的事情？”“想象一下：你如果试着去……会怎么样？”“如果你……会如何？”这些问题只是一个框架，培训师可以变换形式来提问，效果都是相同的。在这些问题的答案中通常包含着独特的部分解决方案，正是因为这些方案是由受训员工自己找到的，所以更加有效。

实操笔记：

Chapter 5
只需七步，让员工实现自我培训

聚焦答案方法并非普罗克罗斯特之床

普罗克罗斯特是古希腊的一位客栈老板，旅客们可以在他亲自搭建的床上免费睡一晚，唯一的条件是旅行者的体长必须严丝合缝地与他的床吻合，如果旅客个头太小，他就会被拉长，直到与普罗克罗斯特的床一般长；如果个头较大，那么事情会变得更加暴力……

一些培训模型包含的步骤是特定的，且步骤的执行必须按部就班，因此这些模型所做的事情是雷同的。“我们开发出了很棒的方法！现在，我们只需要找一位与之完美契合的受训员工……”

量身定做

聚焦答案培训在这方面就有所不同了。聚焦答案培训师根据受训员工及其情况设计恰当的工作方法，史蒂夫·德·沙泽尔的聚焦答案之床会不断地调节长度、高度和宽度，以便与受训员工的情况相适应，而其唯一的衡量尺度仍是对受训员工有用与否。

即兴主题

我们永远都无法知晓客户将会做什么或者说什么，正因如此，以固定的脚本来安排培训活动是毫无用处的，也是相当无意义的。除非培训师喜欢将自己的方法置于受训员工的需求之上，否则的话，即兴提出创造性的问题是绝妙的想法，而这些问题恰恰与变幻莫测的培训谈话相适应。

七步探戈

聚焦答案培训犹如拥有七种基本舞步的探戈，培训探戈中的每个舞步都是培训师与受训员工共同执行的活动。

我们将解决问题比作探戈，这个比喻可以帮助你构建和引导自己与客户／工作伙伴（们）之间的互动过程，培训过程中谈论的话题来自受训员工以及他当时所处的情景。

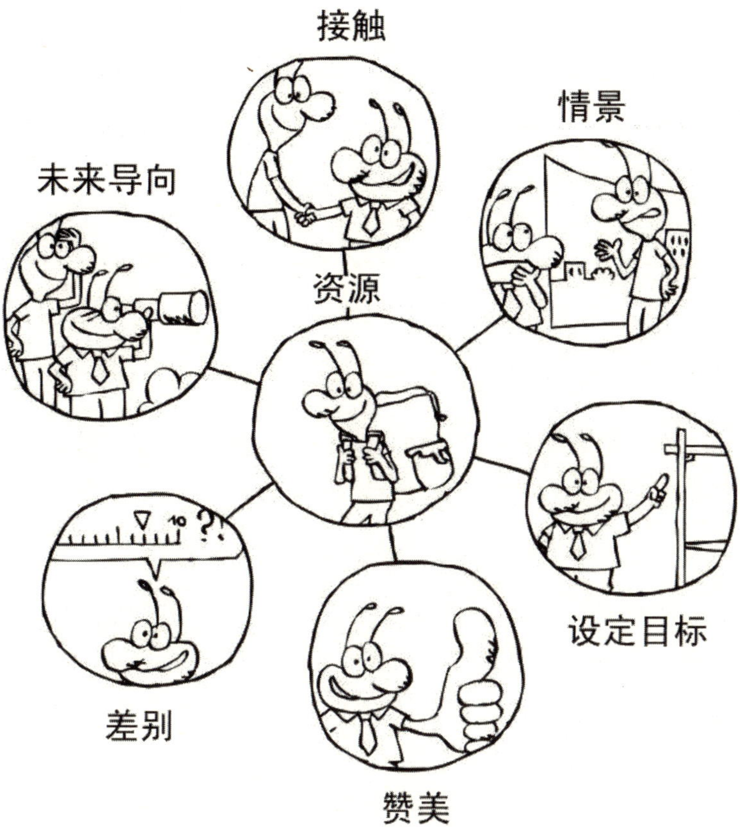

探戈≠方法

探戈的七个舞步有无穷无尽的组合方式，培训师对聚焦答案“培训舞”舞步的运用完全取决于在那个特定时刻里何种组合方式最有用。有时候，培训师只采用其中几个舞步，但有时候他也可以使用所有舞步，或者将其中一些舞步组合起来使用。

哦，不要忘记：就如真正的探戈那样，为了前进，有时候培训也需要后退。

带人小贴士

七步把庸才变成干将：接触，情景，设定目标，资源，差别，未来导向，赞美。

探戈需要两人共舞

从培训师接触到舞伴——受训员工的第一刻起，变化之舞就开始了。因为良好的工作关系是进行培训的必要条件，所以第一步始终是去接触。在此之后，你便可在交谈的律动中更加自由地运用其他所有的舞步。

不同舞步的变换完全是为了辅助学习进程。

变化的动力来自良好的工作关系

舞步1：接触

陈述：接触是变化的动力引擎，你与受训员工之间的工作关系越良好，受训员工就越可能认为你们之间的联盟会起作用。

问题：下午好，欢迎！这儿好找吗？这是你第一次与我这类职业的人会面吗？

1 接触

接触是什么？

接触是针对受训员工的，目的是与其职业背后的真实个人建立关系，为了做到这一点，你应该关注“个人”，而不仅仅是他的职业。

怎么做？

很简单：在对话的过程中，保持友好、礼貌的态度，对受训员工表现出兴趣，作为一名谈话伙伴随时随地服务于他的任何需要。

关于创造建设性工作关系的七点提示：

1. 如果你想与某人更加快速地建立联系，那么共同语言能帮助你，不管是口头上的，还是非口头上的：设身处地为他着想。

2. 为了让受训员工接受你是一位善于引导变化的专家，你应该做到下面这件对你大有帮助的事：让受训员工注意到你能快速切中要点，让他觉得你懂他。

3. “保持简单”，现实已经足够纷繁复杂了。

4. 使用清晰、简单的语言，回避晦涩难懂的专业术语。

5. 表达诚恳的承诺，不流于说教，或摆出一副高高在上的态度。（“如果没有我，你什么都不是，我是帮你解决问题的关键，不可或缺。”）

6. 培训通常意味着合作，而“团队”一词在英文中可分解为：通力合作，每个人都能取得更高的成就，即一加一大于二。

7. 改良要好于彻底变革。

让员工觉得你更关注他，而不是他的问题

舞步2：明确所处情景

陈述：每一件事情都发生在情景之中。

问题：首先，你能不能告诉我一些关于你的事情？

情景是什么？

没有人会生活在真空当中，每件事情都会有其发生的情景，会受到情景的影响。许多资源正是隐藏在这些环境因素当中，等待着我们通过表现出兴趣和提出问题来发现它们。

怎么做？

在首次与受训员工接触时，你只需要问像这样简单的问题："你能告诉我一些关于你自己的事情吗？当你不工作的时候，你喜欢做什么？如果你认为与培训相关，那么你能告诉我一些有关你个人生活的情况吗？你有生活伴侣或者孩子吗？能告诉我一些关于你们公司的事情吗？你现在在公司里的职位是什么？"

本质

这些简单的问题可以帮助你明确情景，它们会让受训员工觉得：与他的问题以及内在的原因相比，你对他本人更加感兴趣。

情景中的资源

受训员工会回答这些简单的情景明确式问题，通过他的答案，我们就能对其自身的可能性和资源有一定了解。

情景、兴趣和接触

通过表现出对受训员工的兴趣，我们加强了与受训员工的接触，因而增强了与他的工作关系。

目标越明确，通往目标的道路就越清晰

舞步3：设定目标

陈述：唯一值得努力的目标是受训员工的目标，受训员工的目标还必须与机构的目标协同一致。

问题：为了让此次谈话对你有用，今天你想谈什么？

目标是什么？

目标就是受训员工需要达到的东西。一开始的时候，受训员工通常会这样说：我遇到了一个问题，我想摆脱它。然后聚焦答案培训师会迅速地运用P方程来提出适当的问题，目的是帮助受训员工将他的问题转化为对变化的渴望，这种渴望最终将被重塑为挑战。

怎么做？

以目标导向性问题为开端：为了让此次谈话对你有作用，今天你想谈什么？倾听所有答案，然后简单地问：除了问题外，你想要什么？用什么才能将问题转化为挑战？

有用的目标清单

这种情况鲜有发生：受训员工即刻就提出目标，且这些目标符合有用的目标清单的标准（实用、现实、可达到、从行为上可观察到、由小至大）。

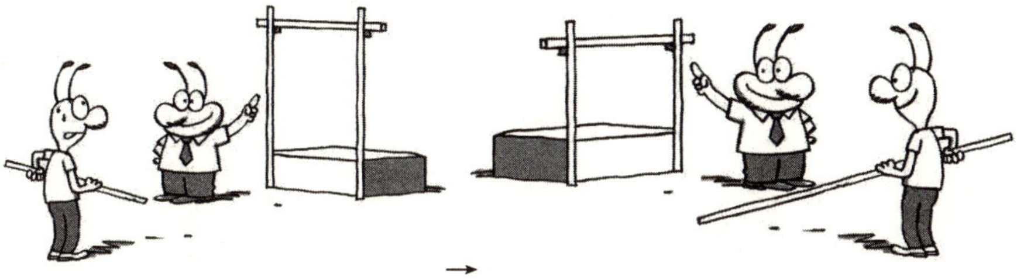

阶段性指示

所有答案都会被视为阶段性指示，引导到下一个问题，这样，聚焦答案培训师就能帮助受训员工重新设计他们的最初目标，让它们变为切实可行而且行之有效的目标。目标越明确，通往目标的道路就越清晰可见。

带人小贴士

让员工对工作进度做自我评估，让员工找到完成剩余工作的办法。

目标成为情景，情景成为目标……

在聚焦答案探戈中，我们持续不断地在舞步“设定目标”与舞步“明确情景”之间来回切换，一旦一个小目标实现后，其他的情景元素便会在帮助受训员工向下一个目标努力奋斗的过程中起到核心作用。

将半空瓶子看成半满瓶子的员工进步更快

舞步4：发现资源

陈述：当我们感到绝望和无力时，痛苦的面纱会掩盖我们的力量，然而可利用的资源总是存在的，我们可以将它们挖掘出来，然后加以运用从而实现目标。

问题：尽管面临这些问题和挑战，还有哪些事情（仍旧）运转（良好或者足够好），从而可以继续保持下去？

资源是什么?

经验就只是经验，技能也只是技能，天赋、技巧、环境因素和偶然的幸运等亦复如是。但是，当你真正运用它们来实现目标时，它们就成了资源。虽然半空的瓶子与半满的瓶子实际上是一模一样的，可是，将半空瓶子看成半满瓶子会更有助于你存活下来。

怎么做?

很简单，通过提出问题和仔细观察来发现资源。

★ 你会问：虽然面临诸多问题，但是还有什么东西仍旧在运转？尽管你们在谈论受训员工想摆脱的东西，可是你可以问他想坚持的东西是什么。

★ 仔细观察包括观看、倾听和感受，你可以用这个问题来检查你所观察到的东西：我注意到你尤其擅长……（代入受训员工的资源）对吗？

资源越多越好

资源蕴含着受训员工变化和成长的能量动力，当这些资源被指出来的时候，能量就释放出来了。能量释放越多，他就能成长更多。这就是为什么你在此时此刻还可以发现并指出那些与受训员工目标并非直接联系，却仍旧起作用的资源，受训员工可以将这些资源放入自己的工具包。此外，指出资源会让你与受训员工的接触变得更为顺畅，你也因此让舞步1再次上演。

变化之轮的轴心

至此，显而易见，围绕资源的思考是聚焦答案培训的精髓所在，在变化的翩翩之舞中，其他所有舞步都与这种思考方式紧密相连，这就是为什么资源会被列为卡通变化转轮的轴心了。

以更精简的赞美来产生更巨大的效果

舞步5：赞美

陈述：每个人都很珍视他人的赞美，任何一种形式的赞美都会起作用，只要你的言辞出自真心，而且所言的确相关。

问题：你很擅长……（代入受训员工的资源），对吗？

赞美是什么？

从字面上说，赞美是指“表达敬重、尊敬、喜欢抑或仰慕”。更简单地说，赞美就是夸赞某人或某事的优点。

怎么做？

对于赞美你所挖掘出来的资源，千万不要犹豫，赞美要尽可能清晰而直接；“太棒了”“很好”“真好”“恭喜”……这是十分必要的，因为受训员工受所面临问题的蒙蔽，往往看不到自己真正拥有的这些资源。

赞美更精简、更相关，则更好

当赞美将受训员工的资源与目标联系起来时，赞美就是相关的，由于GRC（目标—资源—赞美）方程具有强大威力，所以我们需要以更精简的赞美来产生更巨大的效果。

赞美如何精准地发挥作用？

通过给出相关的赞美，你可以帮助受训员工增强自信心，帮助他将注意力从问题本身转移到可能的解决方案上，还能鼓励受训员工去做更多真正有用的事情。

关于前5个舞步的中期总结

1. 接触是变化的动力引擎；
2. 情景是培训师和受训员工一起走过的风景；
3. 设定目标是指引我们方向的导航仪（GPS）；
4. 资源是变化引擎中的燃料；
5. 赞美是加大引擎马力的增压涡轮。

间奏曲

舞步1～5是聚焦答案方法的核心，舞步6和舞步7更接近于技法。

不要苛求完美，要让员工珍视自己的小进步

舞步6：提供差别

陈述：我们生活的世界从来不是一个非黑即白的世界，而是充斥着无穷无尽的斑驳色彩与灰度。

问题：有没有一些时刻你觉得事情好像变得容易了一些？

提供差别是指什么?

处于困境之中的人常常会产生绝对的想法：这些事情真的做得特别好，或者这些事情根本就是特别糟糕；我感觉很棒，或者我感觉很糟；灯亮了，或者灯灭了；这是黑的，或者这是白的。幸运的是，在日常现实中，培训师能够亲切地为受训员工提供无尽的色彩区间。

怎么做?

1. 为了能够对事情提供不同的视角，培训师可以这样说："事情从来都不会像看起来那么糟糕，你确定你不是正在关注事情的阴暗面吗？在你做出像这样的极端决定前，先好好地睡上一觉会不会更好？明天又是崭新的一天！”

但是一定要小心！对事情提供不同的视角并不意味着将事情变得琐碎不堪。将事情变得琐碎就是对受训员工的不尊重，因为受训员工的经历（以及他本人）会因此而沦为乏味的平庸。

如果对事情提供不同的视角能有所帮助的话，那你的任务就完成了。可是不幸的是，等到人们想到要与培训师谈谈的时候，他们很可能已经太过频繁地听到如此这般的善意说辞。显然，这种方法并未产生效果，我们还需要其他一些东西。

2. 用差别式问题来引出不同于只有“开／关”两个备选答案的问题，并且针对每个答案，你还可以继续提出后续问题，帮助受训员工进一步探索自己的不同之处，这些不同之处会让培训师进一步提出下一个问题，如此等等。

★ 在过去几周里，最困难的时刻是什么时候？——这个时刻是如何停止的？

★ 近期有没有哪些时刻你觉得事情变得容易了？——那时你的做法有何不同？

★ 有没有一些情况下，你觉得自己的麻烦少一些？——当问题再次出现的时候，你会运用这些经验中的哪些元素？

★ 如果我去问你的同事，他们觉得哪些时刻你处于最佳状态，他们会告诉我们什么呢？——当事情变得更加困难的时候，有哪些元素你可以加以运用呢？

3. 尺度问题。

运用尺度问题——以及奇迹问题（详见第6章）——是聚焦答案培训的标志。这两种技巧充分体现了聚焦答案方法的特征，所以有关它们的内容自然应另开篇章。

尽善尽美是一种幻觉

由于我们被问题的迷雾（或者是错觉？）所迷惑，我们会认为只有问题完全消失的时候才是解决了问题，而且针对问题会有完整的解决方案。然而，对于这种完美无缺的追索只会是令人沮丧的徒劳，注定要失败。在现实中，一个小小的进步通常是迈向一个不断完善的解决方案的第一步。如果这能导致“足够好”，那么它就是足够好了。

命令与控制早已过时，愿景才能驱动人才

舞步7：推测未来

陈述：未来是无法预测的，所以最好还是你自己竭尽所能来创造未来。

问题：在未来，你想有什么不同，你如何注意到自己正在朝这个方向一步步迈进？

推测未来是什么？

推测未来是指对未来渴望的一种虚拟现实，这种虚拟的现实可以作为指路明灯，照亮我们从今日现实出发，努力前进的方向。

怎么做？

换言之，对未来愿望的虚拟现实如何能成为今日现实的指路明灯？答

案还是一样，简单，却不易行：通过提出未来导向性问题。首先，你提出问题，引导受训员工描述出其理想的未来；然后，询问受训员工如何能注意到这些未来的事情正在今日发生着。这些问题有助于受训员工将未来的可能解决方案“回掷”到今日的现实中来。

未来导向性问题

★ 你想去改变什么？你怎么才能注意到这个变化？

★ 有哪些最初的迹象表明你在通往自己想要实现的事情上正在取得进步？

★ 想象一下一年之后的自己，问题再次在你的牢牢掌控下——那时你的做法、想法和感受会有什么不同？

★ 你的朋友、父母和同事要怎样才能注意到你处理事情的方式不一样了？

怎么做？

未来导向性问题会将受训员工的注意力聚集到其创造理想未来的可能性上，如果培训师提出的后续问题恰当，他就能帮助受训员工根据有用目标清单来对未来进行勾画：实用、现实、可达到、从行为上可观察到，以及由小至大。

问题还是解决方案，这是个问题！

根据定义，问题是过去式，今天已经解决的事情，便不再是问题。

同样，根据定义，目标是未来式，因为目标只能在未来实现。假如我们已经有了这些解决方案，那么就不会存在问题了。

聚焦答案培训将过去的问题与未来的机遇联系起来。

过去是一个巨大的宝库

我们将过去视为一个宝库，在这个宝库里，我们可以找到当前问题中暗含的例外情况，同时过去也是资源的源泉所在。

未来比过去更有用

帮助受训员工探索以下问题的答案是培训师的任务：“今天我以怎样不同的方式来做事／思考／感受，才能用一些我想要实现的、具有建设性的东西来取代当前的问题，带来变化呢？”

未来的希望

在舞蹈中，为了向前迈进，偶尔后退几步是很有用的。在解决探戈的舞步3中，我们已经遇到这个目标导向性问题：“我们今天要谈论什么才能让我们的谈话可以对你有所帮助呢？”

目标导向性问题引入未来导向，同时也巧妙地表达了满怀希望之感。“才能”一词不但指示未来，还包含着预测的意味（“明天的天气也将会很好”），预测受训员工将会学习到有用的东西。

眼见为实

阿尔伯特·爱因斯坦曾经说过：“眼见为实。”此言相当确凿。通过窥视所渴望的未来情景，我们将会从未来获得反馈信息，我们可将该信息作为努力奋斗的目标，走向自己所预想的未来。

自我实现预言从各方面起作用

如果我们期望未来会发生积极的事情，那么我们就要对这些事情充满期待。如果消极的自我实现预言能发挥良好作用，那么为什么不将它用到积极的目标上呢？当然，它可以发挥同样良好的作用。

到了这里，舞蹈止步……

1. Making contact. The motor for change is a good working relationship.	1. 进行接触。变化的动力来自良好的工作关系。
2. Clarifying the context. Problems do not occur in a vacuum: environmental factors are always at play.	2. 明确情景。问题并非在真空中产生，环境因素无时无刻不在起作用。
3. Formulating goals. Useful goals are beacons that show the shortest route to solutions.	3. 设定目标。有用的目标是指路明灯，照亮通往解决方案的最短路途。
4. Discovering resources. Everyone has resources that sometimes need un-covering.	4. 发掘资源。每个人都拥有一些有时需要发掘的资源。
5. Appreciation. Everybody is sensitive to appreciation and compliments.	5. 给予赞赏。对于赞赏和赞美，每个人都很敏感。
6. Offering differentiation. Black/white turns into infinite range of colors.	6. 多向思维。将非黑即白的思维方式转化为无穷无尽的色彩区间。
7. Making future projections. Inventing a preferred future as it emerges from the present and retrojecting these possibilities into the present.	7. 推测未来。创造自己喜欢的未来，未来萌生于当下，同时又将一些可能性回掷到当下。

生活的变化之轮永不停歇，然而，当受训员工实现了自己的目标，并且在这个过程中，他学会了去学习如何在未来自行实践，那么，培训师与受训员工的舞蹈则会就此止步。

没有必要将所有问题都解决，可是有些东西必须要解决得足够好，然后受训员工可以停止培训的探戈，投入到自己人生的探戈中去，在这个舞蹈中，他不再需要培训师，因为他已经（暂时地或者永远地）成了自己的培训师。

实操笔记：

Chapter 6
与其费尽心思管人，不如有技巧地带人

技巧，而非把戏

史蒂夫·德·沙泽尔和茵素·金·伯格因尺度问题和奇迹问题这两个技巧而声名远播。尺度问题和奇迹问题是经典的应用工具，聚焦答案方法内涵复杂，却可以通过这些技巧以最简单的形式呈现出来。人们过于频繁地将聚焦答案模型简单归结为这些技巧，如此简单粗暴的减法完全误解了聚焦答案方法背后的思维模式的转移，而这又恰恰是史蒂夫和茵素真正的宝贵遗产所在。

在史蒂夫和茵素的工作室里，他们一次又一次地对这些技巧进行阐述说明。这是可以理解的，因为这正是学生们拜访他们的原因。可是，人们认为史蒂夫·德·沙泽尔和茵素·金·伯格在每次谈话中都会使用许多尺度问题，并且总在每次培训单元中至少提出一次奇迹问题，这是对他们的重大误读。实际上，在他们的培训实践中，他们的做法每次都有所不同。只有当这些技巧对受训员工有用的时候，他们才会使用。只有在每次培训单元中都运用这两个技巧才能被称为以聚焦答案方式工作，这种说法简直就是无稽之谈。

这两个技巧一开始看似很简单，但是要正确地使用它们则远非易事，我们需要多多思考，才能透过干预行为那看似简单的外壳窥探它们的内涵。

从低效到高能的员工改造技巧

尺度问题

人们越是觉得自己麻烦缠身，就越有可能深陷到表面看似毫无希望的泥潭之中。在这种时候，你将会听到这样的声音："以前，事情都能像这样自己解决掉，现在，什么事情都做不成。我尝试了所有的办法，可都无济于事，每件事情都出错，每个人都反对我，没有人帮助我……"这种非黑即白的思维方式会导致两种状况："如果无法做到尽善尽美，那么任何尝试都毫无意义。如果不是每个人都参与进来，全力合作，那么我甚至都不会开始做事，这种情况下的最佳结果也好不到哪儿去。除非每个人都完全支持这个决定，我们才能行动，否则我们什么都不做……"

何时使用尺度问题?

当你遇到非黑即白的思维方式时，你可以将它看作一种受训员工发出的阶段性指示，这时，受训员工是在邀请你进行差别化处理。尺度问题会帮助受训员工意识到并接受在黑与白之间还存在着一个宽广的色彩区间。

变化尺度表

"假设从1至10，1代表事情处于最糟糕的时刻，10代表问题已经得到解决，且你能愉快高效地继续工作。那么你现在所处的位置会是几呢？”

这个变化尺度表，或者用聚焦答案术语来说，“进步尺度表”是10分制尺度表的基础版本。

假设受训员工回答说“4”，你就跟着提问：“你选择了4，是有哪些方面已经有所好转了吗，所以你给自己打了4分？”

受训员工会将他首先想到的东西告诉你，然后你可以根据他的回答继续提出问题，从而帮助受训员工详细地解释清楚：在他所处的情景中，是哪些方面的变化让他给出4这个具体数字。

当受训员工给出充分的解释之后，你以这个问题作为总结：“下一个能帮助你提高分值的最小步骤是什么？采取这个步骤你都需要些什么？你如何能注意到自己向前迈出了一小步？”

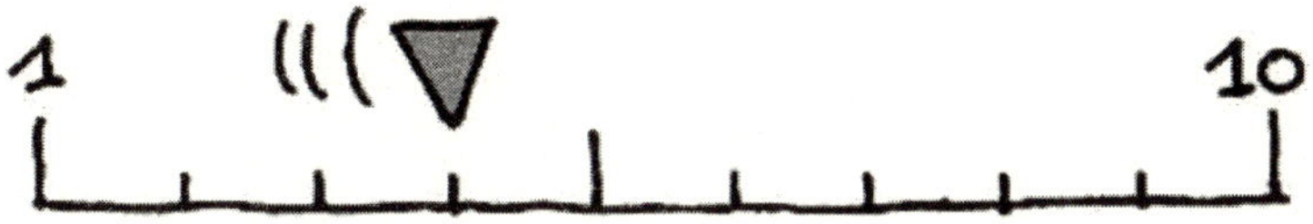

尺度问题是实现变化的工具

通过诸如此类的尺度工具，我们推动了“运动”。经过对分值“4”进行的思考和谈论，受训员工会惊奇地发现他的哪些做法已经发生了变化，而这正是能引导他走向下一步——“4+1”的东西。因此，我们可以将尺度表上的数字比作梯子上的梯级：通过这些梯级，客户能对自身现实产生不同的看法，其结果就是现实将会真正发生变化。

还有什么？

一如往常，你可以提出许许多多“还有什么？”的问题，从而帮助受训员工依据实用、现实、可达到、从行为上可观察到这些原则，对自己给出的答案进行改述和修正，这有助于受训员工挖掘自身的资源，而这些资源将成为受训员工成长和进步的原材料。

尺度表系列是无穷的

利用10分制尺度表，我们就可以设计出无数个不同的尺度表。我们仅需要用这样的方式来描述问题或者挑战：1代表起初的状态，而10则代表足以继续完善发展的解决方案。

其实不需要总使用10分制尺度表，我们还可以用−10 至−1尺度表，或者是使用情感符号，如“ :(”—“ :) ”。

用好尺度表，不管怎么样，你都不会错

尺度表模板

在阅读例子中所列出的尺度问题时，你会发现一个特定的模式。然而，这种模式只不过是一个帮助你制作尺度表的工具而已。

1. 给出一个从1到10的尺度表，其中，1代表起点，即最困难的时刻；而10代表终点，即“足够好”的时刻。

2. 提问：“你现在处于哪个数值位置上？”

3. 接受受训员工给出的数值。

4. 基于受训员工所选择的数值，对他表示赞美。

5. 提问："在这个数值中，你处于什么状态？"

6. 接受受训员工给出的所有答案，并用自己的语言重复受训员工所言。

7. 提问："还有什么？"

8. 通过三角关系问题来延展到环境中："如果我向你的同事／合作伙伴／老板提出同样的问题，他们会怎么回答呢？"

9. 提问："你将要采取的下一个小步骤是什么？"

10. 提问："如果我向你的同事／老板／伙伴询问你可能采取的下一个最小步骤是什么，你认为他们会怎么回答呢？"

尺度问题的四种经典变形

1.有用性尺度表

有一种尺度与有用性问题息息相关。

"各位同事，我们已就新项目讨论一个多小时了，我已经听完了你们所给出的所有建设性意见。那么，在一个从1到10的尺度表上——其中，1代表'这是一次毫无作用的会议，我们永远不会有所定论'，而10则代表'这是一次有用的讨论'——我们现在处于哪个位置呢？"

在团队的工作会议中，人们常常会过于吹毛求疵，或者过于小心翼翼（譬如说，他们只给出大家都喜欢的反应），这样的参与不是很有用，有用性尺度表为公开评价创造了空间。如果大家认为会议谈论内容毫无用处，那么该尺度表则为做出迅速调整提供了机会。假如有人说“1，毫无作用”，那么下一个问题将会是：“好的，那么现在，我们需要讨论什么才能使会议更有用呢？”

如果大家已经认为会议讨论有用，那么该评价则会让会议变得更有用。假如有人说“我们在3的位置”，那么你将会继续提问：“很好，我们讨论的哪些东西让你觉得我们处于3的位置呢？”换言之，不管怎样，你都不会错。

2.希望变化尺度表

“有这样一个尺度表，1代表‘事情根本毫无希望转好’，而10代表‘我有理由确定且满怀信心：事情很可能会变得更好’，考虑到当前的状况，你觉得自己处于这个尺度表上的哪个数值位置上？”

希望变化尺度表对受训员工深感无望的情况尤为感兴趣：“我已经受够了，根本毫无希望，我是个彻头彻尾的失败者”，等等。这个尺度表如同一个开瓶器，能开启所有可能的变化。

比最低值高的任意数值都是一个起点，一个帮助受训员工朝其渴望的成长方向迈出第一步的起点。换言之，不管怎样，你都不会错。

3.动力尺度表

“在0～10的尺度表上——0代表着毫无动力去做出任何改变，而10代表着准备好要不遗余力地去做出改变——关于做出改变，你的动力有多少呢？”

有动力的受训员工倾向于在动力尺度表上给自己更高的分数，这通常会引发高度积极的行为。在这个尺度表的帮助下，我们再给他施加一点点推力。我们可以将他的分值作为鼓励和赞美的信号。还是一样，不管怎样，你都不会错。

4.信心尺度表

“在1～10的尺度表上——1意味着你毫无信心为下滑的销售业绩找到解决方案；而10则意味着你非常有信心能提出相关解决方案——你处于哪个数值位置上呢？”

或者：“如果1意味着对于团队按时完成工作你完全没有信心，而10则意味着对团队取得成功你非常有信心，那么你现在处于哪个位置呢？你的老板会将你的团队放在这个尺度表上的哪个位置呢？”

还是一样，不管怎样，你都不会错。

“不管怎样，你都不会错”，是指什么？

不管答案是什么，它都能派上用场。不管受训员工给出哪个数值，聚焦答案培训师总是可以做出适当的回应。如果受训员工给自己打了个高分，我们要做的就是赞美他们，然后询问他们现在正在做什么事情让他们认为自己处于这个高分值，还需要做什么才能让分值更上一层楼。如果他们给自己（或者彼此）打出低分，我们要做的便是询问他们低分值意味着什么，随后，我们可以提出问题，帮助他们找到需要做什么来提升分值。所以，不管答案是什么，如果你能对其加以应用，你就不会错。

尺度问题并非衡量工具

客户所标出的数值并不代表以某种标准为依据的数字化提升比率，所以，这并不是依据某项标准对受训员工进行衡量，数值的大小与受训员工的好坏毫无关系。换言之，这并不等同于学生的成绩单。简化运用尺度问题并将受训员工的行为简化为纯粹的数字，这绝非沙泽尔或者我们的初衷。

与试图毕其功于一役相比，小步骤更切实可行

完美无缺是不可能的

切勿盯着终极目标，即10分不放。不要让受训员工过分热切地为达到10分努力奋斗，这只会使他沦为“解决方案狂热分子”。故此，我们最好将10分定义为“足够好”。

带人小贴士

10分不是完美，而是足够好。

应对问题

有时候，受训员工觉得自己深陷困境，导致他们会说：“这完全没有希望了。我的老板很差劲，我根本没法和他一起工作。我简直要被逼疯了。我认为我所处的分值是−95。”

如果受训员工给自己打的分值与尺度表的数值相差甚远，你应该如何回应呢？别慌张，保持冷静，将这个令人悲痛欲绝的答案作为阶段性指示，然后贴心地问他：“那你怎么处理这种情况呢？”

这种干预称为因应问题，而这种问题本身就是一种赞美，因为它表明尽管受训员工处于看似毫无希望的境地，他实际上还能坚持下去。

通常来说，你得到的第一个答案会是："我根本就处理不了！"然后怎么样？等一下，保持沉默，给予受训员工一些空间，同时感同身受地注视着他。换言之，别说话，沉默不语。这是需要保持沉默的时刻，因为有时候沉默能表达的比语言更多。

一般来说，用不了多久，受训员工便会提出可用的答案："我不得不这样，我需要工资，我不能就这样轻易放弃。"很快他的答案就会变为："我会继续做下去，因为幸运的是，我的老板经常出国，那样办公室的氛围就会好很多。"这些答案总是包含着有关例外情况和优势条件的信息。我们可以继续对这些答案进行深挖："那么当你老板出国的时候，你处于尺度表上的哪个位置？你的做法有何不同？哪些变化会让你当老板在办公室的时候也能这样做？你自己本身会有什么改变？"

使用尺度表时的十大注意事项

1. 使用尺度表是一种技巧，一种极其有用的技巧，可是，它只不过是技巧而已。因此，不要在任何时候都运用这种技巧，当它对受训员工有用时再使用。

2. 尺度表上的数值让你能做出区分，可是这些实际的数值并不代表“真实的”进步，只是对差别的比喻而已。

3. 不管受训员工选择哪个数值，答案都是有用的，我们应始终予以适当的回应。

4. 当使用从0～10的尺度，而受训员工给出了1，你就可以说：“很好，这是10%的进步，那1代表着什么呢？”如果下一次培训单元中，他仍旧选择1的话，我们就会说：“很好，身处如此艰难的境地，你是如何能保持这10%的进步的呢？”

5. 使用尺度表的核心原则是，与将要达到的分值相比，我们对已经达到的分值所代表的内容更感兴趣，毕竟，我们能从这个受训员工给出的分值上找到问题的例外情况，以及受训员工可以利用的资源。

6. 在充分挖掘受训员工给出的分值所代表的内涵后，你询问下一个（最）小步骤，以及伴随的具体行为："你选择了6分，如果要将分值提到6.5，你需要做什么呢？"

7. 为了挖掘尽可能多的细节，我们将会重复询问："还有什么？"请不要犹豫，坚持提问"还有什么？"这个问题，经过几次尝试后，受训员工将会受到鼓励，然后不断地对第一次给出的答案进行补充，所补充的内容甚至连他都不晓得自己知道。

8. 此外，我们可以利用三角关系类问题让其他人融入进来，例如，"作为一个团队，为了达到3分，你们现在的做法有何不同？你的同事们怎么才能注意到你们这个小组处于3分的位置？如果10代表你们已经准备好切实可行的战略规划，且即将进入实施阶段，我们向你的老板询问你们小组在1～10尺度表上的位置，他会怎么说？"

9. 经验告诉我们：当受训员工给出8分或者9分的时候，他们中的大部分会认为聚焦答案干预已经足够成功，这就意味着他们可以独自继续下去。

10. 竭尽全力争取10分是没有必要的，而且只会适得其反。如果10分触手可及，那么受训员工最终会依靠自己的能力达到10分。

实操案例：大计划的实现从完成小步骤开始

出于战略原因考虑，一家大型银行的董事会决定合并两个重要的部门，即企业银行部和私人银行部。原因是两个部门面对的都是同样的客户群，合并之后他们可以在这个重要的利基市场提供综合的服务以实现协同作用。在这个有着广阔利润的市场，这家银行需要有更高的效率，而且两个部门的合并会降低成本。这个战略计划的制订已经持续了几个月的时间。现在预算的决定、营销以及人员的架构调整都已经准备好了。

董事长在一次和两个部门总监的会议上通知了他们接下来要发生的组织架构改变。两位总监根据他们的经验知道，一旦董事会做出了决定，就没有什么再商量的余地了，所以他们只是认真地倾听。但是这个合并计划仍然让他们感到很震惊。他们告诉董事长，他们需要咨询各自部门里比较重要的人员。

改变总是比较困难的，两个部门都不太愿意配合这次组织架构改变，这也不是什么稀奇的事情。在征询了部门人员的意见之后，两位总监争辩，他们有许多理由来证明这次合并并不是明智的。“两个部门的客户比你们想象的要多样化，部门的子文化非常不同，你们所期待的协同作用被高估了”等，总而言之，两位总监和他们的专业员工都相信两个部门分开运作会更好。

约翰被任命为这次合并计划的执行协调人。约翰知道董事会和两个部门在这个合并案上的意见相悖。约翰在接受担任两个部门合并案的协调员任务的时候声明了，他接受任务的前提是他要有足够的时间，以便让这两个部门准备好接受这次组织架构的变化。他很清楚，两个部门的总监以及他们所管理的雇员处于路人的位置，他们并没有提出需要帮助；而董事会很明显有一个可行的求助，但是董事会并不是处于执行合并案的位置，而是处于购买者的位置。

对于相关的各方来说，很明显，董事会已经做出了一个坚定的决定：合并案会发生。所以这并不是一个问题，而是一个限制。人们总是很难接受改变，约翰知道，部门里有些员工只是害怕这个限制带来的影响。

约翰决定花时间来执行所有适用于路人的干预方式。约翰给每个人足够的机会来描述他们认为公司犯的最大的错误是什么，比如把两个部门合并。但是，约翰这么做是在努力构建一个积极的工作关系。约翰让他们尽情地倾诉他们的担忧，同时也聆听其中的资源和例外情况。很快，他开始赞扬人们对部门历史的了解，他问他们是怎样处理过去这样大的公司变化的，然后赞扬他们能够成功地实现这些组织架构的调整。

过了一阵子，这种激烈的抗拒消退了一些，员工开始接受无论他们说什么或者做什么都不能让董事会改变决定这一事实。

同时，董事会不断地敦促约翰加快合并的进程，因为他们想让合并案尽快执行。约翰向董事会解释了他对两个部门分别的干预措施，让董事会明白他们这种经典的“我坚持”的做法只会带来员工同样经典的反应——

“我抗拒”。然后他还告诉了董事会他接下来要对两个部门的总监和团队所做的干预措施。董事会现在理解了他的这个过程，他们同意给约翰更多的时间。这样，董事会进入了合作专家的位置。

很快，两位总监告诉约翰他们现在愿意采取行动开始进行合并了。“但是我们需要一些帮助，我们完全不知道怎样能够实现合并，而不被‘淹死’在争吵和内部的政治争论中。”他们被约翰充满尊重的行为所引导，现在处于购买者的位置：他们提出需要帮助，但是并不知道如何利用自己的资源。这是一个信号，约翰可以引领一个项目团队确定合并案的所有细节。两位总监都同意共同担任这个项目团队的领导，并争取到自己员工的合作。他们请约翰在这个过程中对他们做出指导。

两个团队慢慢地开始合并，在这个过程中，几乎所有员工都“移动”到了购买者的位置：他们很愿意使用各种各样的工具来让这个合并过程更加顺利。

当然，这个合并过程也并不简单，有一些人因为无法接受改变而辞职了，还有一些人因为公开地破坏这次变革而被辞退。但是很明显，没有约翰这种聚焦答案的“外交手段”，董事会和两个部门之间两极化的歧见很可能会导致怠工行为，会花费公司更多的时间和金钱。

启用尺度问题时所用的聚焦答案式语言

在帮助受训员工向目标前进的过程中，当你使用尺度问题时，最好将10分定义为“足够好”。道理很简单：大部分的人都认为10代表尽善尽美，可是，在现实中，尽善尽美的境界是无法达到的，“足够好”的设计就是为了防止受训员工产生挫折感。

但是，如果在你所使用的尺度表中，10代表一些模棱两可、不可名状的东西，比如希望、信心或者动机等，那么在这种情况下，最好还是用绝对化词语来定义10分。

举个例子：在一个0～10的尺度表上，0代表“对于境遇中有可能发生变化，我不抱一点希望或者完全没有信心”，而10则代表“我有100%的信心，坚信进步是可能的”。或者说另一个例子：在一个尺度表中，0代表“我根本毫无动力去做任何事情来提升业务”，而10则代表“我充满动力，为取得进步我愿意做任何事情”。在诸如此类的尺度表中，使用绝对词语更好。

这是一种提示吗？当然是一种提示，甚至是一种引导，我们清晰明了地引导受训员工利用自身的资源向目标进发，我们所使用的语言已经给出了方向。

为什么尺度问题如此有效？

尺度问题蕴含着隐性信息，是帮助受训员工在看似无望的情况下，排除万难砥砺前行的强有力工具。在使用尺度问题时，若干假设被嵌入其中：

★ 变化是可能的。

★ 小步骤更好，因为与试图毕其功于一役相比，小步骤更切实可行。

★ 通过回应受训员工给出的答案，提出后续问题，你可以帮助受训员工逐渐成为其进步的主人。

带人小贴士

与试图毕其功于一役相比，小步骤更切实可行。

团队尺度表

聚焦答案尺度表既可用于个人培训，也可用于团队培训。例如："各位同事，我们项目小组再次召开会议是为了严把公司的工序质量。在1到10的尺度表上，10代表获得ISO9001质量认证书，两个月以前我们开始做这个工作，如果当时我们选择1的话，那么我们现在处于哪个数值位置上呢？"下一步，我们会向每个团队成员提问，让他们给出一个数值。特别是对团队进行培训时，应让所有团队成员都有机会发表建设性的批评意见，这是至关重要的。一般来说，你的团队成员会给出不同的分值。这并非问题，恰恰相反，通过让每个团队成员打分，尤其是让每个人对给出的分值进行解释，你将会对整个团队的内部情况有所了解，这将成为取得进一步提升的基础。

最终，在尺度表上，团队作为一个小组会得出一个分值，这时，我们会提出问题："好，你同意小组得4分。那么这个4分真正意味着什么呢？发生了什么改变，让我们可以得到4分？"之后，下一个问题将会是："为了在接下来的几周里达到5分，现在我们要做些什么？"这个问题将帮助整个团队为进一步发展逐步做出规划。

史蒂夫的最后干预

在他最后的遗著中，史蒂夫·德·沙泽尔的天赋最后一次熠熠生辉，他介绍了新的内容：奇迹尺度。

"在一个0～10的尺度表上，0意味着你决定寻求帮助，而10则代表奇迹发生后的第二天，那么今天你正站在哪个位置上？"

依据有用目标清单来解读模糊不清的目标

奇迹问题

为了充分欣赏奇迹尺度的丰富内容，我们先对奇迹问题的神奇世界进行讨论。

我可不可以问一个特殊的问题，今天你去睡觉后，就在你睡着了的时候，好像发生了奇迹。在这个奇迹中，你一直烦恼的所有问题都解决了，使得你不再那么困扰了。然而，对于这个奇迹是如何发生的，你一无所知，因为你睡着了。醒来后，你是如何知晓好像发生了奇迹呢？

奇迹问题如何运作？

利用这个看似幼稚的技巧，聚焦答案培训师引导受训员工将注意力集中到自己的未来。问题的假定（“好像”）特点为我们走出单纯的理性思考创造了空间。受训员工可以挣脱根深蒂固的思维模式，越加自由地寻找创造性的解决方案。通过提出深入且详细的后续问题，培训师能够引导受训员工给出与解决方案相关的答案，这是理性思考无法做到的。

未来导向

何时使用奇迹问题?

当受训员工深陷于过往以及／或者深入分析问题的旋涡中的时候，奇迹问题会帮助他看向未来。

我们可以把奇迹问题作为工具，帮助受训员工依据有用目标清单来解读模糊不清、不明确，甚至是不可名状的目标。

实操案例：奇迹问题使用的真实例子

帕特里克是一位经验丰富的销售人员，他刚刚开始担任销售主管的职务。在他的职业生涯中，帕特里克从来没有做过管理人员。对于新工作，他适应得还不错，但是当他开始进行管理的时候，问题就出现了。由于缺乏经验，帕特里克感到手足无措。于是他便开始做他最擅长的——销售。他开始与自己的销售团队一起去拜访大客户。在访问的过程中，他表现得更像销售人员而非管理者——大部分的时间里都是他在说话。他的工作伙伴们真的很不喜欢他的这种做法，尤其是帕特里克常常在客户面前打断他们的谈话，纠正他们的错误。在开车回公司的途中，他还有一个习惯，就是跟其手下的销售人员唠叨自己过去如何成功，为什么能成功。当然，帕特里克的本意是好的，可是，他的这种做法却常常导致严重的冲突。帕特里克责备工作伙伴不接受自己，而工作伙伴们则埋怨他过于自以为是，认为自己什么都懂，而根本不知道如何去协助和激励他们。

情况发展到了不可控制的程度：整个销售团队向总经理乔治申诉。乔治深谙聚焦答案之道，他叫来了帕特里克。在倾听了帕特里克的描述后，乔治决定使用奇迹问题："帕特里克，想象一下：你上床睡觉，当你沉睡时，好像发生了奇迹。在这个奇迹中，今天你所烦恼的所有问题都得到了解决，使得你能够以一种具有建设性的方式开展工作。明天早上，当你醒来，你怎么才能注意到奇迹发生了？你会有什么不同的举动呢？"

帕特里克迅速地给出了第一个答案："很简单，整个销售团队最终都接受了我想要告诉他们的东西，而且听从我的指挥。"

面对这样一个答案，乔治能做的并不多。但是，他仍旧接受这个答案，并且继续发问："那你会做些什么不同的举动呢，帕特里克？"

帕特里克想了一会儿，说："如果这个奇迹真的发生，那么我醒来后一定神清气爽，满心欢喜。我不会马上就开始担忧会出什么错，而是会更有信心。"

乔治："那你会有什么不同的举动呢？"

帕特里克："我会在上班的路上吹着口哨，或者至少打开收音机，一到公司，我就取消当天所有的客户见面，然后回到办公室想想如何做得更好。"

乔治："真棒，帕特里克，还有什么？"

帕特里克："可能我会简略地记下一些事情，我会查一下我之前当销售员的时候什么对我有帮助。当时的销售主管给了我很多支持。"

乔治："你指的是什么呢？"

帕特里克："我以前的老板是一个总向我提出很多问题的人，他问我客户的问题、规划的问题、我对市场中正在发生的事情的想法，还有我对各种事情的看法。实际上，我现在想起来，他并没有给我许多直接的命令，可能我可以像他一样。"

乔治："这是个好主意，帕特里克。现在这个奇迹已经发生了，你还想要做什么？”

帕特里克：“我不再总是陪着销售团队去拜访客户，虽然，短期内这种做法是不错，但我更愿意检查哪些行动计划可以从销售预算中提取出来。是的，我会这样做，我会制订一个短期的销售行动计划。”

乔治对帕特里克的回答感到相当满意，因为他的回答表明了作为销售主管，他开始对自己的任务有了不同的理解方式。“在对待员工方面，你会改变你的做法吗？”

帕特里克：“我可能会明白一件事：我不应该再给出任何一个无论如何都不会被接受的现成计划。”

乔治：“很好，那么你会怎么做呢？”

帕特里克：“我会问销售团队中的一位成员，问他是否有时间和我一起完成方案，我会听取他的意见。当然，我会选择一个对我没有过于负面评价的人，我会向他询问，这个团队以前是如何处理事情的，让他给我提供信息。”

乔治：“很棒，帕特里克。还有什么呢？”

帕特里克：“嗯，我还会向其他每位在职成员提出同样的问题。”

乔治：“恭喜，帕特里克，这也许就是解决问题的好办法，去做吧，看看它能给你带来什么。”

乔治并没有与帕特里克来回地讨论谁对谁错，也没有尝试去说服帕特里克改变自己的态度，而是决定使用奇迹问题。通过这种方法，他帮助帕特里克将注意力集中在从他的自身经历中寻找更有用的事情之上。帕特里克发现他仍能将这些东西应用到自己的当前工作中。

将员工引向自身所渴望的解决方案

奇迹问题模板

奇迹问题很简单，但绝非易用的技巧，因此，我们会将不同的步骤列举出来，从通用版到具体版。

奇迹问题的通用版：

1. 请求许可提出一个“奇怪的”问题；

2. 获得同意；

3. 运用“好像”句式来提出奇迹问题；

4. 描述在奇迹中发生了什么；

5. 不讨论，全盘接受答案，即使它们不是非常有用；

6. 协助受训员工来回答“你会有什么不同的举动？”；

7. 运用“还有什么？”问题获取更多细节；

8. 向受训员工询问，其他相关人员如何能注意到奇迹已经发生；

9. 称赞所有有用的答案。（在这里，“有用的”答案就是受训员工告诉你他会做什么不同的事情，即在奇迹发生后，他所采用的与自身问题行为方式不同的行事方式）

奇迹问题的具体版：

1. 我能问你一个奇怪的问题吗？

2. 比方说周四（是的）上午10点半（是的），我们将在办公室里开会（是的）。下班后，你会回家（是的），你还会处理一些事情，然后上床睡觉（是的）。

3. 当你沉睡时，假设奇迹发生了，但是你对此一无所知，因为你睡着了。

4. 在这个奇迹中，所有问题都得到了解决，使你能从容应对。第二天清晨，你醒来，但是你不知道奇迹发生了。你怎么才能注意到发生了一些事情，你又会做些什么不同的事情呢?

5. 我会……（描述奇迹发生后的不同之处）

6. 非常棒，那么你会做些什么不同的事情呢?

7. 还有什么?

8. 你的工作伙伴如何能知晓这个奇迹发生了？他们会注意到你行为中哪些不同之处？还有什么?

9. 非常棒。那么现在奇迹已经发生，你会……（复述此前所言）太棒了。

奇迹问题成功的五大原因

1. 从深陷其中到破茧而出

“奇迹”一词为受训员工提供机会，让他对所有可能的解决方案进行思考，毕竟奇迹鲜有局限。

2. 从“是的，可是”到“是的，而且”

我们鼓励受训员工去“进行广泛思考”，因为我们并不期待从理性世界中得出答案，在奇迹世界中，我们无须考虑悖论。

3. 窥视未来

奇迹问题的答案帮助受训员工对问题解决后的未来进行描述，在这个未来中，问题已经解决得足够好，使得他不会再受到问题的困扰。换言之，使得他有空间可以思考一些新的东西。培训师需要做的就是帮助受训员工给出尽可能详尽的答案，这些答案就是受训员工对当问题（充分）解决后自己会做什么不同的举动（这个“会”可能随后便成为“将会”）所做的描述。

4. 描述变成了药方

由于答案十分详尽，所以它们总能变成现实指标，将受训员工引向自身所渴望的解决方案。在回答培训师的问题时，受训员工详细地描述自己的解决方案，实际上他就是在给自己开药方——描述变成了药方。

5. 目标是指标

这是一种优雅的方式，能从受训员工身上引出清晰的未来导向性目标。如果受训员工能获得清晰的目标，那么通往解决方案的道路也会清晰可见。

没有完美情况，但可以更上一层楼

奇迹问题的五大注意事项

1.这仅仅是个技巧而已

奇迹问题是一个技巧，一个非常有用的技巧，可是它只不过是技巧而已。所以，请不要在任何时刻都使用这个技巧，当它对受训员工有用的时候再使用。

2.让奇迹可接受

为了让受训员工接受这个相当奇怪而且出人意料的问题，你可以这样介绍它："我将要提出的问题可能刚开始听起来有点奇怪，但是如果你考虑一下的话，你会注意到它将能帮助你用不同的方式考虑事情。"

如果访谈者性情乖张地声称他不相信奇迹，那么你可以轻易地绕过它，只是简简单单地说："世上当然不存在奇迹，这正是我为什么会问：'当你沉睡时，好像奇迹发生了。'"

3.小步骤成就大跳跃

奇迹问题邀请受训员工认真评估：他需要做出哪些小的改变才能少受当前问题的困扰，因此，接下来的问题应该为小的改进步骤和小变化留出空间。有时候，在奇迹发生之后，最好还是不要去提出关于“完美情况”的问题。（尽管原先美版奇迹问题的结束语是：“奇迹发生后，每件事情都回归到完美状态。”）

4.倾听所有的回应

在一开始，你常常会得到像这样似乎毫无用处的答案：

★ 我会感觉更好；

★ 我们的产品市场将会拓展；

★ 我会成为总裁；

★ 竞争对手会破产；

★ 全球经济会好转；

★ 我会中彩票，然后就不在这个公司工作了；

★ 我老板会给予我更多职责。

如果你不耐烦地说：“这个答案毫无用处！请好好配合。”这对事情一点帮助都没有。

相反，即使这些答案第一眼看上去似乎毫无用处，但是我们可以将其作为阶段性指示来进行下一步。

5.你会做怎样的改变？

我们需要继续提出问题，引导受训员工给出有关他们将做何改变的答案：

- ★如果你觉得好多了，你会做怎样的改变？
- ★假设市场真的拓展了，你会如何反应呢？
- ★如果你成为总裁了，你要做的第一个改变是什么？
- ★如果竞争对手破产了，你会带领公司如何应对？
- ★如果世界经济好转了，你要做的第一个改变是什么？
- ★如果你中了彩票然后辞职了，你会做什么不同的事？
- ★如果你的老板给了你更多职责，你要做的第一个改变是什么？

细节的重要性

细节，细节，更多的细节，细节越多、越详尽，就会越切实可行，就会越有用！我们可以用照片与视频来做个简单的比喻。请不要让受训员工将答案描绘得像照片一样，因为照片是静态的；鼓励他将答案组织得如同视频一般：动态的，一个画面接着一个画面，里面包含着越来越多的生动活泼、详尽具体的细节。有用的资源和问题的例外情况总是隐藏在这些细节之中。你将会从细节中看到许多不断扩展的小成功实例，而受训员工的资源也会开始越来越多地浮现出来。这样，你与受训员工之间的对话将会沿着聚焦答案的螺旋更上一层楼。

没有奇迹的奇迹问题

有时候，你都无须提及“奇迹”一词。

如果我们向整个团队提问，问题可能会是这样的：“大家好，今天我们作为执行X项目的指导委员会在此处开会。假设我们从愉悦的周末之后回到工作岗位，我们现在面临的所有问题不知怎么的都已经得到很好的解决，使得我们可以更加轻松地推进项目。那么周一时，你们会注意到什么呢？作为项目团队，你们会做什么不同的事情呢？”

实操练习：亲爱的读者，请为自己设想一个奇迹！

请想象一下，你目前正在烦恼的一个（小）问题，或者一个你想要实现的目标，抑或一些你想改进的事情，你还可以选择一些会给你带来满足感的东西。然后，阅读奇迹问题，并且思考一会儿。你如果记录下一些自己的心得留作未来使用，可能会有作用。

假设当你熟睡时，某种奇迹发生了。你对此一无所知，因为你像孩子般沉睡着。在这个奇迹中，你的特殊问题得到了部分解决，至少剩下的部分不再使你烦恼。如果你选择的是一项挑战，那么奇迹会很好地帮助你，让你足以能够采取下一个通往目标的行动。如果你选择去挖掘生活中到底是什么真真正正地能给你满足感，那么奇迹会让你对此拥有一个更加清晰的认识。可是，你对此一无所知，因为你正在熟睡。第二天清晨，你依照往常时间起床，你并不知晓奇迹真的发生了。

★ 你如何会注意到奇迹真的发生了？

★ 你的所做、所想、所感有何不同？

★ 你醒来后事情会不会变得不一样？

★ 在你吃早饭的时候，你怎么注意到这个奇迹发生了？

★ 你的室友如何能注意到这个奇迹发生了？

★ 你的工作方式会不会一样？

★ 你的受训员工和／或者你的同事如何注意到在你身上发生了一个奇迹？

★ 在你的沟通方式和行为方式上，他们会注意到哪些不同之处？

实操笔记：

Chapter 7
用最少的时间，激发团队爆表战斗力

奥卡姆的剃刀

智慧深邃的奥卡姆曾经说过："如无必要，勿增实体。"我们努力让事情尽可能地简单，不受生活的纷繁复杂干扰。

什么是流程图

流程图是一个可以帮助你迅速且准确地对工作关系的本质进行评估的工具，它将为你的干预行为带来最大的成功率。

流程图与7步舞：硬币的两面

7步舞教会你在与受训员工的工作关系中你该做什么，那么流程图则是帮你决定在何时做何事。

两个工具要同时使用。7步舞帮助你规划和发展与受训员工之间的互动，而流程图则会帮助你判定何时为运用特定干预行为的最佳时机。

有限的问题组合

流程图的基础是一个有限的问题组合：

1. 这是一个需要解决方案的问题，还是只是一个局限？

2. 是否寻求帮助？

3. 寻求帮助的要求可行吗？

4. 受训员工能利用自身的资源吗？

这四个问题将剥离掉我们所遇到的所有毫无必要、不胜枚举的枝节问题，而且丝毫没有减少问题本身所呈现的丰富内涵。

万无一失的最小—最大效果

每个问题都可以用“是”与“否”来作答，然后，每个答案又预示着工作关系在流程图上的位置。

在流程图的每个位置上，都设计了恰当且有用的干预行为，其目的则是取得最小—最大效果：如果你想以最小的精力来帮助受训员工以及从他们身上取得最大效果，那么多多少少你应当了解自己应该怎么做。

流程图的多面性

流程图不是工作关系中正在发生之内容的图表，它关注的是培训师与受训员工之间的互动过程。由于流程图只关注该工作关系中的过程，因此，不管你受雇于哪个行业或者身处哪个职位，它都可以在所有可能的情形中发挥作用：个人培训、团队培训、管理咨询及培训。你可以利用流程图来评估你与同事之间的工作关系。在某个特定主题的会议中，流程图将帮助你评估谁正处于哪个位置，以及随后你可以采取哪些干预行为来指导受训员工决定走向这个方向或者那个方向。流程图甚至还可以帮助你更加快速地做出艰难的决定，当你的内心（即你与自己的工作关系）挣扎纠结时给你帮助。而你自身的创造力则决定着并定义了流程图的可用性。

流程图是解码器和导航仪（GPS）

阶段性指示隐藏在问题描述中，在流程图的帮助下，培训师可以将这些指示解码以一种更加有用的形式呈现出来。

然后，培训师便可以根据该信息来决定流程图上的位置，找寻位置就是发挥导航仪（GPS）的功能，它能精准无误地指出通往最有效的干预行为的方向。

留在幕后，让员工将有效的事情继续做下去

从一张图来看整章内容

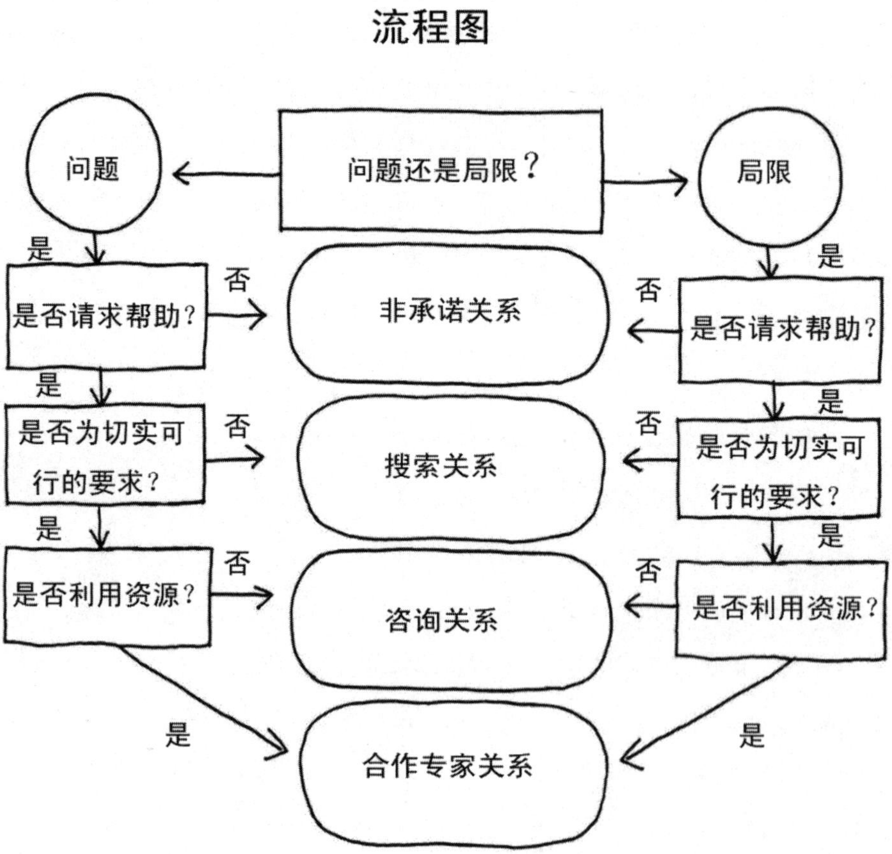

本章内容清单

1. 它是问题还是局限？
2. 非承诺工作关系：受训员工并没有提出帮助请求；
3. 搜索工作关系：受训员工提出不可行的帮助请求；
4. 咨询工作关系：受训员工不知道如何使用自己的资源；
5. 合作专家关系：受训员工能利用自己的资源来实现目标。

本章内容总结

是问题还是局限？

一旦判定我们所面对的是问题还是局限，抑或两者的混合体，那么我们将会明白如何去协助受训员工接受那些他无法改变的局限，然后，我们将会帮助他管理这些局限带来的后果，使得他尽量少受影响。那么剩余的就是问题了，根据问题的定义，问题是可以解决的。

非承诺型工作关系

接下来，我们要看的是受训员工是否需要寻求帮助，毕竟，并非所有客户都需要我们的帮助。有时候，受训员工是被他人派来与你沟通的；也有时候，受训员工认为我们并不能提供合适的解决方案。如果情况是这样的话，那么受训员工便不会提出帮助请求，即便如此，我们也应该给予他们应有的尊重。我们的基本态度是，如果受训员工未提出请求，我们不会强加帮助于他，毕竟我们还有许多其他可做的干预工作需要去做，具体情况可以归结为：确保受训员工深感被理解并受到了我们的尊重，这种欣赏的态度将会确保受训员工始终乐意向他人咨询，或者能够在一个不同的时间点迈出接受帮助的一步，这种尊重的态度（“我不会在你身上强加任何东西，但是我对你个人很感兴趣”）常常会招来（其他）寻求帮助的需求，而这有助于下一步工作的进行。

搜索型工作关系

如果受训员工能提出寻求帮助的要求，那么我们就要查看这个要求是否可行。换言之，我们要看看是否可以用某种方式来处理它。

如果同时提出太多的帮助请求并且／或者请求过于模糊不清，那么就是不可行。这时候，培训师将会提出聚焦答案式问题，通过这些问题，受训员工能将自己的问题转化为挑战。在搜索型工作关系中，我们帮助受训员工脱离不切实际的泥潭，跨越到具有真实可能性的坚实之地。

咨询型工作关系

当我们在处理可行的请求时，我们要看的是受训员工是否能够利用自己的资源。请牢记：在关于人性的聚焦答案模型中，我们遵循这个工作假设条件：资源总是存在的。如果受训员工无法利用自己的资源，那么我们将向他提供咨询，帮助他（并且记住受训员工可以是一个团队，也可以是一整个公司）学会如何利用自己的资源来实现目标。

合作专家型工作关系

如果受训员工极为擅长利用自身的资源来实现他们的可行目标，那么你正在处理的工作关系是一种专家之间的工作关系。作为培训师，你此时只需要留在那里（可能在幕后），鼓励他们将有效的事情继续做下去。

四种工作关系的区别

非承诺型工作关系、搜索型工作关系与咨询型工作关系所奉行的真理是停止做没用的事情，转而去做其他的事情。

合作专家型工作关系所奉行的真理是继续做你已经在做的事情，并且/或者多多益善，因为这些事情是有用的。

提醒员工问题与局限的区别，解决问题，接受局限

阅读指南

若读者为初次阅读，我们建议：在流程图中的每一个位置代入你的个人经历作为例子，这样你会学得更快。

对进一步使用的建议：如果运用效果良好，你便可以去判断自己的工作关系处于哪个位置，然后查看你正在对受训员工采用的哪些成功的干预行为与流程图中的实际位置相符。如果你的干预行为并不成功，那就再次检查所选流程图上的位置是否准确，然后采用与之匹配的干预行为，看看这样会产生什么不同的效果。

问题与局限之差异

第一个基本问题是："我们现在面对的是问题还是局限？"

局限是指我们无法改变的东西，对于局限来说，解决方案是不可想象的。局限的例子有：过去的一切事情、物理损失、规章与禁令、宏观经济环境……一言以蔽之，局限就是我们无法掌控的事情。

我们将问题定义为可以解决的事情，或者对于问题，解决方案至少是可以想象的。

实操案例：就这么做，不要（频频）回顾

假设一位企业家去年做了一次错误投资，这个错误已将公司置入危险境地，那么他就不能假装自己没有做过该决定，而且他也无法撤销该决定，因此，去年的决定是一个局限，而非问题。

可是，企业家可以想办法来妥善应对该决定所导致的后果，使得他不再受今时今日这般困扰，毕竟，今日的严峻局势是一个问题——根据定义——是问题就会有解决方案。如此一来，各种各样的机会就产生了，包括从起草补救计划的机会到找出完善的解决方案的机会。

为何这个差异如此重要?

很简单，如果你把局限当作问题，那么失败将在所难免。

相反，如果你将问题当作局限，那么讥讽之词就离你不远了。譬如，你会无意中听到同事说："简直无法和约翰一起共事，他很有病。"嗯，在这种情况下，约翰和同事进行富有建设性的合作似乎是不大可能了，约翰的态度和行为举止可能有问题，但是作为一个人，约翰绝不可能是个局限，绝不可能无药可救!

带人小贴士

如果你把局限当作问题，那么失败将在所难免。

玛克斯·奥勒留的警句

罗马皇帝玛克斯·奥勒留比此前提及的奥卡姆还要年长，这位皇帝曾称：“请赐予我宁静之心以受不变之事，勇敢之魄以易可变之事，智慧之灵以晓两者之异。”

无论如何，你不会出错！

所以，问题是由自身的可能解决方案来定义的。换言之，问题越多则越好。

毫无疑问，对P方程你仍旧印象深刻。

三种恰当的干预

1.加以区分

问题与局限泾渭分明的情况相当罕见，而通常出现的情况是，问题与局限相互重叠。如果一家公司即将破产，因为银行不再提供资金，而债权人又不允许延期付款，那么我们所面对的便是问题与局限重叠的情形。首先，我们必须认清哪些因素的的确确是局限，即我们根本无法改变的事情；同时，我们还需要认清在这种情况中，对哪些因素来说，是有可能有解决方案的。然后，以此行事。

2.接受局限

世界上，人们普遍崇尚“生活是可塑的”这个幻象，然而，说比做容易。当受训员工正试图用一把勺子在茫茫大海中挖出一个洞时，如果我们不想让自己和受训员工都迷失在无望的冒险中，那么我们最好还是要有自知之明，接受局限的存在。

3.学习如何处理局限所导致的结果

人们会被悲惨境遇蒙蔽双眼。在面对局限的时候，人们倾向于固执于局限不放，当然，这是很自然的，也是可以理解的，然而这并没有太大的帮助。如果你能将自己的注意力集中在局限所导致的结果上，就会有用很多，因为当你处理这些结果的时候，有可能会想出解决方案。

实操案例：灾难

一家公司的办公大楼被火烧毁了，在这场大火中，一位员工失去了生命。公司请来一位培训师来帮助他的工作伙伴。这场致命的大火及灾后创伤让这些工作同伴（从人性上）和公司（从经济上）备受煎熬，痛苦不堪。这场大火和大家所遭受的创伤是事实，所以也就是局限。如果假装这场事故是问题，是能通过招募新职员、重建新公司就能轻易解决的问题，那么一定会适得其反，显得极为无礼。但是，帮助员工接受事故，应对损失，以及学会如何去面对事实，这就是一个问题，一个有可能找到解决方案的问题。

不要将你的帮助强加在员工身上

位置1：非承诺型工作关系

一旦局限与问题之间的区别清晰可见，我们就会提出第二个基本问题：受训员工提出帮助请求了吗？如果没有，那么我们与受训员工之间的工作关系就被称为非承诺工作关系：受训员工就像是在解决方案的购物街上只逛不买，对所提供的解决方案并没有表现出多少兴趣。

三类非承诺型工作关系

在第一类工作关系中，人们来我们这里做客是因为他们认为这是该完成的礼节，除此之外，他们别无所求。你会听到许多诸如此类的话："恭喜你成为培训师了，我过来喝杯咖啡。"

在第二类工作关系中，受训员工声称自己并非出现问题的人，而是其他人出现问题了，是另一方将他们派到我们这里来的。在大多数极端例子中，你会听到："我来这儿仅仅是因为我老板要我这样做。"

在第三类工作关系中，受训员工承认自己确实有问题，但是他们并不需要通过接受培训来解决问题。他们来这儿，仅仅是为了告诉我们，我们无法帮助他们。他们会说一些像这样的话："我真的看不出来，培训师能为我做什么，因为我所面临的问题仅因重组过程而起，无论是你还是我，压根儿就控制不了这个过程。”

因纽特人与冷冻柜

如果你试图向因纽特人售卖冷冻柜的话，那么你就是自寻失败，普通的冰箱应该更合适，因为这个奇妙的设备能在刚好非冰冻的温度保存食物，并且可以防止食物被捕食者夺去。如果销售人员解释了冰箱的种种好处，虽然他可能不会立即卖出冰箱，但是人们肯定不会排斥他下个季节再回来。

实操案例：给员工机会提出需求

人力资源部经理接到了来自生产部经理的一个紧急电话，生产部经理说：“在吗？能帮我一个忙吗？我团队里有一个家伙叫艾里克，他要把我逼疯了，我觉得他总是在暗中破坏我在团队里的权威。我们刚刚大吵了一架，我让他去找你，你会帮他改掉他的臭毛病。我还告诉他说，这是他最后的机会了，如果他不立即停止他的破坏活动，我就会将他踢出这个团队。你可以现在和那个家伙谈一谈吗？他在去你办公室的路上。”

人力资源部经理：“这个家伙工作做得好吗？你真的想让他离开你的团队吗，还是说在其他方面他对于团队是一项宝贵的财富？”

生产部经理（为这个问题感到有点儿吃惊）：“好吧，他工作做得很好，可以说是最好的。问题是他知道这一点，他觉得这给了他特权。但这次我是认真的——要么他表现好一点儿，要么我就会将他踢出我的团队。”

人力资源部经理：“我不敢承诺你什么，但是我会和他聊一聊，看看能帮你做什么。”

艾里克冲进了人力资源部经理的办公室：“我不得不来这里找你，因为我的经理让我过来。他指责我在团队里暗中破坏他的权威。但这不是真的。这根本就不是真的。他特别愤怒，他命令我过来找你，否则他就会将我踢出他的团队。我觉得那家伙简直疯了。就是这样，我没有什么可说的了——他才应该去看精神病医生。”

人力资源部经理：“太混乱了！坐下来，让我们看看能做些什么，请告诉我发生了什么。”

艾里克讲了一个长长的曲折的故事，简而言之就是他和经理之间多次误解后的最后雪崩。

艾里克倾诉了一会儿，这时人力资源部经理说：“好了，艾里克，我理解你的意思了。我不想在这里用理智分析你们谁对谁错，你在这里，是因为你不得不来，我的工作也让我和你聊这些。很明显你的经理对你不满，但是看看这个问题积极的一面：他让你过来和我谈，这意味着他觉得解决现在的问题还是有机会的，否则他就不会费心让你来找我了。现在，让我问你一个更加有用的问题，要让你的经理不再找你的麻烦，你要做哪些不一样的事情？”

很明显，艾里克就他上司提出的问题——假定他有暗中破坏的行为——根本没有提出需要帮助的意愿。因此人力资源部经理决定不再进行这场关于事情真实情况的无用的搜索和分析——真的是艾里克在暗地里搞破坏吗？那种干预措施不会有任何结果，只会带来更大的麻烦。人力资源部经理指出，艾里克的上司虽然在和艾里克争吵，但是他请他来找人力资源部经理谈一谈背后仍然有一个积极的原因，这很可能会产生一种安慰的效果。人力资源部经理的最后一个问题帮助艾里克思考另外一个替代性的问题——要让艾里克的上司不再找他麻烦，艾里克需要做什么不一样的事情呢？这个问题是艾里克可能会提出需要帮助的问题，从这一点出发可以开始一个有效的对话。于是，艾里克开始谈要让他和上司的关系有所缓和，他需要做哪些不一样的事情。

非承诺型工作关系的五种干预

我们为非承诺型工作关系设计了一些有用的干预方式，它们皆基于五

个相互联系的原则：

1. 对受训员工不请求帮助表示尊重；

2. 拓展合作；

3. 开发其他帮助请求；

4. 对未提出帮助请求的后果进行说明；

5. 把一切交给时间。

1.如果受训员工没有要求帮助，请不要将你的帮助强加在他身上

虽然你出于善意向受训员工提供了帮助，但是如果他并未请求任何帮助，他可能会觉得这是故意妨碍和无礼之举。

2.拓展合作

与并不要求任何帮助的受训员工对话，为我们提供了进一步拓展关系的机会。要做到这一点，无须复杂的举动！只需要对受训员工本人及其职业表示尊重和真诚的兴趣，保持友善和礼貌即可。简而言之，己所欲，施于人。

3.开发其他帮助请求

现在，在积极的工作关系基础上，我们将会尝试去开发一种让受训员工更能接受的帮助请求。“在工作中你需要做出什么改变，你的老板才不会再让你来接受培训呢？”

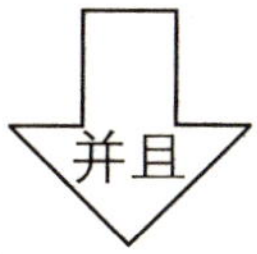

4.对未提出帮助请求的后果进行说明

每位受训员工都有权利不提出帮助请求。由于受训员工是受人要求来接受培训，而提出要求之人的确想要帮助受训员工。所以，如果受训员工不提出自己的帮助请求，那么结果往往不会让人满意。培训师的任务就是要将受训员工的注意力引导到这上面来，仅此而已，再无其他。毕竟培训师是为受训员工服务的，而不会仅因推荐人告诉他去为受训员工培训，就去做培训。这时候，我们通常会问：“如果你的推荐人／老板知道你来参加了此次培训，却选择什么都不做就离开，他会做何反应呢？”

5.别着急，慢慢来

如果受训员工表现出尚未准备好提出帮助请求，那么你需要做的事情就是等待。有时候，受训员工可能会参加下一次的咨询，这将使他有时间让事情沉淀一下，可以好好掂量一下不提出帮助请求的后果，最后他有可能会愿意寻找另一种帮助请求。有时候受训员工没得选择，只能再次回来，因为他的老板让他这样做。有时候受训员工会在另一个时间去找另一位培训师。有时候环境真的会鼓励他提出帮助请求，譬如，受训员工要在换部门与被解雇之间进行选择。有时候，受训员工的培训就止步于一个单元。

解开沟通中的死结，方便员工提出可行的帮助请求

位置2：搜索型工作关系

如果受训员工真的提出帮助请求，我们就会提出第三个基本问题：这个请求是否可行？如果不可行，那么我们与受训员工的工作关系便是搜索型工作关系：受训员工不断地寻找，却找不到解决方案，因为问题看起来永远解决不了。

两类搜索型工作关系

在第一类工作关系中，受训员工所定义的帮助请求模棱两可而且／或者比较糟糕：这个要求过于宽泛，根本走不下去。

这些受训员工都想要得到帮助，但是他们就是不知道怎样得到帮助。受训员工对自己目标的描述模糊不清，与有用目标清单截然相反：理论的、不切实际的、无法实现的、措辞抽象的、从大到小的，而不是实用的、现实的、可达到的、从行为上可观察到的、由小至大的。

在第二类工作关系中，受训员工同时提出了许许多多、各式各样的帮助请求，于是他们便在这些林林总总的需求中迷失了方向。“我知道我应该花更多的时间来培训我的工作伙伴，但是我还要根据战略规划来调整一下预算方案，但是战略规划也急需完善。我们还没有完完全全消化掉此次

并购案，而且我们正忙着打开新市场，因为这我还要常常出差。同时，我也在招聘新员工，但是我仍然需要改进目前的培训计划，等等。”

带人·小·贴士

有用的目标：实际的，可实现的；实在的，有形的；最好是从小的目标到大的目标。

帮助受训员工找到放有解决方案的地方

处于搜索型工作关系中的受训员工犹如一个半夜回家的醉鬼，他把房子钥匙丢在前门，却在路灯下寻找钥匙，因为那里是唯一有光的地方。

培训师并不是要去把钥匙给他，更不是去给他开门。他仅仅需要通过提出问题，来帮助受训员工找到放有解决方案——钥匙的地方。

实操案例：黑夜中醉醺醺的搜索者

搜索者的行为特别像我的邻居——约翰。有一次，约翰和同事开会的时间比预想的要长，之后他们一起去喝酒，结果大家又把这变成了派对。所以，约翰回家的时候是半夜，他醉醺醺的，但还说不上完全喝醉。他尽可能轻轻地打开大门，但是他的手总是握不紧钥匙。过了几分钟，在办公室工作到半夜的我也回家了，我惊讶地看到约翰在他家门口的马路上，在路灯下面跪着找什么。我走过去问他："约翰，怎么了？要帮忙吗？"约翰口齿不清地说："我在门口把钥匙弄掉了。""那你为什么要在路灯下面找呢？"约翰说："因为这是唯一有光的地方。"

带人小贴士

不要给搜索者钥匙，而是告诉他们怎么找到钥匙。

搜索型工作关系的总体策略

搜索型工作关系的总体策略是帮助受训员工根据明确的目标提出可行的帮助请求。而清晰的——因此就是有用的——目标是：实用的、现实的、可达到的、从行为上可观察到的、由小至大的。

搜索型工作关系的五种干预

我们基于五个相互联系的原则为搜索型工作关系设计了几种有用的干预方式，五原则指的是：

1. 虽然你缺少时间，但是你还是如此坚持不懈地去找寻解决方案，真是很棒的事情。（欣赏）

2. 今天哪些事情仍旧运行良好，你确定想要继续做下去（专注于运行良好的事情）？

3. 让我们找出把一些事情具体化（有用的目标清单）的方法。

4. 在哪些环境下，问题比较容易应付？那时，你的做法有何不同（找寻例外）？

5. 由此，我们有理由断定：真正的变化的的确确是可能发生的（盼望变化）。

1.给予欣赏

只要是搜索行为，不管是多么没有效率，都表明了受训员工总是会受到激励去做一些事情。我们的任务则是帮助受训员工以更高效／更有效的方式来利用自身的资源与敬业精神，而非盲目地寻找解决方案。

他们的敬业精神值得我们欣赏，我们应该对他们说："你告诉我说你厌倦了一遍又一遍对同事重复相同的事情，但是我们仍旧要对你持之以恒的付出表示衷心的祝贺，你有没有兴趣去寻找更有效的方式？"

2.持续性问题："什么东西是你确定想要一直保持下去的？"

这个强有力的问题体现了简单之道的优雅。它以最简的形式表达出了这样一层意思："你认为在你的生活中（个人生活和／或者事业）哪些事情足够重要，足够有价值，值得一直保持下去？"

如果你可以稍微冠冕堂皇点说："为了更好地判断你的团队应该做出哪些改变，我们还需要了解目前哪些事情运转良好。下次会议中，你愿不愿意花点时间来观察一下团队中正在发生的事情？你能否集中关注那些你确定愿意一直保持下去的事情？"那么持续性问题则会产生更大的影响。

或者这样说："不管情况如何困难，你依然可以看看在工作中哪些事情你认为非常有价值，值得一直保持下去，可以是举足轻重的事情，如你的医疗保险、健康状况、工资、与工作伙伴的良好关系；也可以是微不足道的事情，如餐厅的咖啡机等。每天请给自己几分钟，把它们记录下来。”

持续性问题可以与个人私事相关，也可以指在你的团队中、部门里、公司内、公司的市场地位以及与其他部门的合作等方面，你希望一直保持下去的事情。

把持续性问题当作一项任务

“好好想想过去的一天，记下你想要保持下去的事情，不是一个很好的主意吗？从此时此刻起，请开始做这件事情，直到我们下一次会面。你可以在回家前做，也可以在睡觉前做。新的事情可能已经发生，而这些事情正是你想要保持下去的事情。”

有时候我们可以直截了当地提出问题：“当前哪些事情运作良好，你想要继续保持下去？哪些东西必须保持不变？”

三大原因告诉你持续性问题为何有用

第一，可能是最重要的——持续性问题将他们的注意力转向那些已经在良好运转的事情上。还有什么原因让受训员工想要保持事情一成不变呢？然而，处于搜索状态的受训员工常常会有这样的印象：没有一件事情是运作良好的。通过观察日常生活，我们会知道自己可以通过留恋怀念那些让我们曾经愉悦快乐的事情，来正确看待自身的问题。这种简单的洞察力并非总是那么容易保持，却很有用。

第二，在“保持的温床”上，变化的效果最好。新老板总是想通过做出过多且过快的变化来尽可能迅速地树立自己的威信，这种情况太常见了，为了“毁灭性创新”，他们常常良莠不分，更别提由这种所谓的“创新”行为所导致的员工的不适与不安了。如果新老板花时间衡量一下哪些事情已经在良好地运转，他便可以为日后成功地做出改变（在每个员工、整个组织的行为、思想和感情上）打下一个坚实的基础，尽管目前确实有许多事情可以采用不同的做法，也可以做得更好。

第三，持续性问题有助于将受训员工的注意力转移到解决方案上来。只要是运转良好的事情，不管何等微不足道，都包含着解决方案的元素——如果受训员工发现它们的话——就能轻而易举地找到其他解决方案。

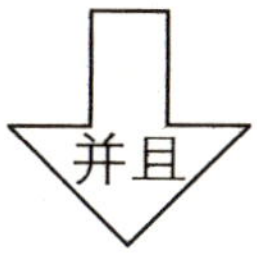

3.具体化

“最近我一直都做得不够好，我觉得精疲力竭，我无法再鼓起勇气，我们的关系不再融洽，这里的氛围很消极，在工作中好像每个人都是障碍，毫无团队精神，业务做得很差……” 这些话听起来很熟悉。如果受训员工倾向于用模糊、抽象的方法来描述自己的问题，那么他就更难想到解决方法，道理就是这样。

只有通过帮助受训员工将他们的模糊措辞转化为具体的变化主题后，进步提升才能成为可能。这种对话本身就是通往解决方案的一个步骤，因为通过它你可以找到通往解决方案的道路，并为之做出努力。

怎么做？

为了打开通往解决方案的大道，就需要将笼统、模糊、抽象、含糊的问题转化为精准、明确、清晰的目标。为此，聚焦答案培训师会提出如这样的问题：哪些最细微的变化会让你注意到自己正在取得进步？你如何会注意到气氛正在转好？你如何让公司为需求上升做好准备？

通过将受训员工请求帮助的问题进行转换，受训员工的帮助请求就变得可行，这样，受训员工的目标就变得清晰起来，因此他便可以采取具体的行动来实现这些目标。在这种情况下，奇迹问题表现出了神奇的作用。

4.寻找例外

问题的表现形式及严重程度从来都是千差万别的。有时候很严重，有时候没有那么严重，而在其他时间又表现得完全不同，所以例外总是存在。

如果问题不存在例外，那么它就是一种局限——如此前所言——我们要用不同的方法来应对它。

例外是一个起点。在此基础上，我们可以找出解决方案。

怎么做到?

通过提出具体的问题，你可以集中关注问题没有发生时或者没有那么严重时的具体时刻和具体情景。例如，如果受训员工抱怨自己的项目团队正面临持续不断的压力，我们就可以问他："在近期，什么时候团队合作稍微轻松些？那时，你做了什么不同的事情？"

或者："你在团队中最后一次感到舒适是什么时候？那时和现在有什么不同之处？"

抑或："上周你们都去拜访了一个公司，大家都做得很好。你怎么做到的？你做了什么不同的事情？"

带人小贴士

例外是一个起点。在此基础上，我们可以找出解决方案。

观察作业：寻找例外

观察作业是一个有用的工具，能让我们更加轻易地洞察到例外情况。譬如，我们要求受训员工在未来一段时间内寻找项目团队中压力稍小的时刻，并邀请受训员工记录下来所有团队成员（包括他自己）当时的做法有何不同。或者我们要求该项目团队在下一次会议中找出团队氛围比较轻松的时刻，以及彼时彼刻他们都在做什么不同的事情。

考虑到这是一个观察作业，所以我们要将受训员工的注意力聚焦到那些可取的、有用的行为上。

预测作业

我们要求受训员工对自身以及工作伙伴的行为进行预测，预测自己和伙伴每天早上或晚上、每日或者每两日的行为。我们告诉他要针对以下方面进行预测：问题出现的次数、问题的严重程度、受训员工控制问题的程度、他将注意到的例外情况，以及问题如何得以解决。

这个作业会将受训员工的注意力集中到那些有用的要素上，在这些要素的基础上，受训员工可以提出进一步的解决方案。

这个任务乍一看有点奇怪，然而，这个任务中蕴含了哪些积极的元素呢？当然，聚焦答案培训师并不认为无法预测的事情可以预测出来，但是通过预测未来可能会出现哪种程度的例外，然后观察例外情况是否真的会出现，受训员工就能不再逃避问题可以得到改进的想法。毕竟是他自己提出了这种预言。正如思想是行为之母一样，在这种情况下，愿望就是思想之母。

5.给予希望

处于搜索型工作关系中的受训员工总是不断努力，却无法取得任何进展。在这种情况下，他很容易丧失希望，他会说："这是不可能的，我做不到，真的太多了，我没有力气来应对它……"

作为培训师，此时你可以通过找出其他可能性来为受训员工带来希望，而不是让他无休止地在同样的问题循环中踟蹰。

怎么做到?

★ 发展良好的工作关系，让受训员工感到被理解，并且发现自己的处境并没有那么糟糕。

★ 向受训员工提问：尽管身陷问题的困扰，但还有什么事情仍然运行良好?

★ 尽管受训员工面临各种各样的问题，但通过帮助他（重新）洞察自身真正擅长的东西（资源），能够帮助他拨开问题的迷雾。

★提出聚焦答案式问题，引导受训员工思考各种各样的可能性，而不是紧盯着问题不放。

带人小贴士

引导受训员工思考各种各样的可能性，而不是紧盯着问题不放。

给出建议，留给员工选择自己觉得合适的方式的空间

位置3：咨询型工作关系

如果受训员工拥有明确且可行的目标，并提出了帮助请求，那么我们就来到了第四个，也是最后一个基本问题：受训员工是否有能力运用自身的资源？

如果答案是不能，那么这就是咨询型工作关系：受训员工有一个可行的帮助请求，但是他不知道如何利用自己的资源。在这种工作关系中，我们是受训员工的咨询师。

两类咨询型工作关系

在第一类工作关系中，受训员工告诉我们他们已经竭尽所能，却毫无收获。进一步调查显示，他们在各种尝试中并未使用适合的指导手册。他们过早就放弃了（“我已经为这个全时段管理业务努力了两周时间，但是它太耗时了，而且还没有成效”），或者他们并没有正确地利用自己的资源（“在工作中，根本不可能建立优先顺序，因为总有一些预料不到的事情发生”），或者他们期待根本不会出现的速效方案的出现。然后他们就从一种资源转到了另一种资源（“我已经做了所有的尝试：从帮助我起草商业计划书并设定销售目标到对外办公室，从没有时间阅读的定期书面报

告，到总有事情发生的每周例会，什么都不管用”）。

在第二类工作关系中，受训员工告诉我们他有可以解决的问题想要解决，但是他们对如何解决毫无头绪。此时，培训师会听到：“我不知道应该做什么，你能帮我吗？”

如果培训师的回答是“不能”，则体现了培训师端正的道德态度和职业态度，毕竟，在不知道要做什么的时候，不管怎么回答都比回答“是的”要好。如果对于受训员工提出的正当帮助请求，你的回答是“不能”，那么你可以将他引荐给更有经验、对正面临挑战的受训员工所处的具体行业更加了解的同事。毕竟，受训员工是最重要的，培训师仅仅是服务于受训员工的工具，仅此而已。

而有经验的培训师会回答：是的。这个“是的”并不意味着培训师将会替代受训员工来采取行动或者做这个工作。这个“是的”意味着培训师知道受训员工可以采用不同的方式来处理事情，以便学习如何（再次）自行解决问题。

带人小贴士

如果你总是100%确定，总是在向你的员工发出指令，他们是不会学习的。

资源手册图书馆

如果你不（再）知道如何去利用自身资源来实现目标，那么你就成了一位受训员工。为了寻求帮助，受训员工来到了图书馆。一旦我们找到他的问题所在，以及他想看到哪些变化，我们便或多或少可以了解受训员工在图书馆中哪些地方可以为自身所面临的挑战找到最优的资源手册。我们只需要鼓励他去寻找、去发现、去阅读，然后去尝试。

咨询型工作关系的总体策略

培训师与受训员工之间的这种工作关系旨在创造一种情景，让受训员工可在其中（再次）利用自己的固有优势。

咨询型工作关系的三种干预

一如在聚焦答案方法中随处可见的情况，提出问题、寻找解决方案比向受训员工提供现成的解决方案要更为有效。我们提出聚焦答案式问题，帮助他利用自己的固有优势在问题与解决方案之间搭建起一座桥梁。

我们为咨询型工作关系设计了几种有用的干预方式。这些干预方式皆基于三个相互联系的原则：

1. 给予积极的支持和肯定

“从你告诉我的信息来看，很显然，你一定有过更好的时候，尽管当前你处于困难时刻，但是为尝试自己解决问题，你已经付出了许多努力。”

2. 查看受训员工已经做出的尝试并从中找出一些小成功

“在你做过的尝试中，哪些并没有起到作用或者说没有起到足够的作用？哪些起到了很小的作用？哪些起到了较好的作用？”

一旦了解到受训员工已经做了一些尝试，但是，这些尝试并没有起到（足够的）帮助作用，或者仅起到些许帮助作用，你就可以称赞他付出的这些努力。

通常来说，这些答案将会为你提供有用的信息，这些信息只要稍加调整，就能切实起到作用。如果你将过去起作用的事情稍加调整来顺应情势变更，那么一般来说，在此时此刻可以对这些微妙的调整再次加以运用，而且可以获得更大的成功。

3. 如果受训员工寻求建议，那么将建议嵌到问题中提出来

由于处于咨询型工作关系中的受训员工已做好准备接受帮助，所以没有理由拒绝他的帮助请求。为此，建议性问题会比直截了当地告诉他人去做什么要有效得多。通过回答我们提出的建议性问题——暗含着建议的问题——受训员工成为建议的所有者。对于人来说，没有什么会比实施自己想出来的事情更让人心甘情愿的了，受训员工也是人。:)

受训员工：“我真不知道要怎样做才能更加冷静地处理X，你是专家，所以我来咨询你，你能帮助我吗？”

培训师：“当然。”

受训员工：“如果你处在我的位置上，你会做什么？”

培训师：“我不清楚，因为我不在你的位置上。但是，你会想到什么……？如果你……会怎么样？这个……会不会有作用？你认为……会不会有用？如果……能有所帮助的话，你怎么想？你想去试试做……吗？”

你可以利用从自身的经验、专业技能、常识、过去的案例、相似的案例、培训、课程和书本中了解到的所有可能的技巧和资源来将这些省略号填满。

带人小贴士

如果你的团队能够独立完成任务，做他们的管理者是一件光荣而愉快的事。

请注意：建议不是指令，建议仅仅是建议，受训员工可以用任何自己觉得合适的方式来处理它们。

关于给出建议的简短说明

认为在聚焦答案培训中给出建议是不恰当的这种想法是错误的。有时候，有人会用历史上不正确的论点来为此佐证，譬如："史蒂夫和茵素从来没有这样做过。"（这是完完全全的谬误。）

如果有人寻求建议，那么给出一些建议又有什么错误呢？有时候受训员工会问："我想做X或者Y，但是我不知道如何去做，你能帮助我吗？"此时此刻，难道培训师应该说"不"吗？或者你会尽量避免用模棱两可的答案来敷衍了事："嗯，你自己是怎么想的呢？"

很显然的是，我们不会告诉受训员工如何过自己的生活，他应该选择哪些现有的选择，或者晚餐他应该吃什么。此外，我们也不会给自己的观点披上建议的外衣。

一定要清楚的是，如果聚焦答案培训师给出建议，那么这个建议：1.始终嵌入在问题中；2.仅仅是一个提议；3.这个建议只与受训员工如何能更好地利用自己的资源来创造理想的未来有关。

由“从属关系”转变为“合作关系”

位置4：合作专家型工作关系

当受训员工拥有可行的帮助请求，并能运用自身的资源，我们之间的工作关系便属于合作专家型工作关系。受训员工处在这个位置上说明他们已经学会并知晓如何进行自我帮助。

合作专家型工作关系总体策略

在合作专家型工作关系中，培训师的角色是共鸣板、灵感的源泉和监督者。你可以和受训员工一起提出每一个提示、每一条建议、每一次洞察发现和每一种技巧的运用，这些都是值得鼓励的。

现在，最有效的干预来自受训员工自身。作为培训师，你是变化专家、学习过程专家。所以，作为过程专家，你能根据自身经验为受训员工提供额外信息和/或新工具。

三种情形及三种与之匹配的基本干预方式

你可以通过三种不同的方式来达到合作专家的水平，如果你认真地听，你应该能从每种情形的描述中解读出恰当的干预方式。

情形1

受训员工已经和你一起完成了流程图中前几个阶段，你可能是从非承诺型工作关系、搜索型工作关系、咨询型工作关系，一步步走到最后的合作专家型工作关系。在这个阶段，受训员工有能力利用自身的资源来创建解决方案，并且已经学会如何自己将问题转化为挑战。

基本干预方式：帮助受训员工做更多起作用的事情

情形2

受训员工有时候并没有意识到自己目前做得很好的事实，这时他们需要借助外界的力量。如果这种外界的鼓励来自专家，会给他们带来更多的帮助。而在受训员工眼里，培训师就是专家。

基本干预方式：帮助受训员工继续做起作用的事情

情形3

我们常常会从受训员工和合作伙伴身上学习到很多东西，正如他们从我们身上学习到的东西那么多，这让我们非常高兴。聚焦答案培训师需要做的仅仅是给予支持、提出问题和表示祝贺。如果培训师做到了这一点，那么受训员工往往自己就能想出有效的解决方案。

基本干预方式：一加一大于二

带人小贴士

合作专家的干预措施：支持员工做更多有效的事，鼓励员工利用每个可用的资源，称赞员工做的有效的事情。

身处地面的登山教练

聚焦答案培训师就像一位登山教练。如果训练员准备好要攀爬山峰，并且已掌握正确的攀登技巧，那么教练将会使用一种非常特别的方法。他会留在山脚下，穿得暖暖和和的，坐在舒适的椅子上，一手拿着对讲机，另一只手拿着望远镜。他告诉训练员走上前去，开始攀登。整个过程，教练都会在安乐椅上舒适地度过，因为训练员已经过充足的训练，你对他自己完成此次远征的能力充满信心，你唯一需要去做的就是通过望远镜聚精会神地观察他，不时用对讲机提醒他有松动的石头，或者危险的崖壁，以及当他走向死角的时候纠正他。你仅仅需要建议他沿着障碍较少的路线前行，不断地鼓励他前进。训练员是运动员，教练是支持者。

六大经验法则告诉你如何使用流程图效果最好

1.事半功倍

流程图会告诉你，在特定的时刻就特定的问题而言，你与受训员工之间的工作关系的本质是什么。每个位置上都配有数种干预方式。如果你想要取得最小—最大效果，你仅需要使用与相应工作关系相匹配的干预方式即可。

2.解码阶段性指示

受训员工的抱怨、渴望和挑战通常以问题的形式进行表达，流程图帮助你将问题导向式语言转化为聚焦答案式语言。培训师不应被充满问题的负面情绪牵引，而应挖掘隐藏在问题内的可能性并对其加以利用。

3.判定流程图上的正确位置

如果你想要取得最小—最大效果，那么指出工作关系在流程图上的正确位置是至关重要的。犯了错误并非世界末日，受训员工能够很快帮到你，他会告诉你，在你这样的干预下，他什么都做不了。这样一来，他会邀请你尝试不同的干预方式。

4.跟进动态

在一次培训单元和整个培训项目的过程中，工作关系在流程图上的位置不停地变换。在一次单元中，关于主题X，你处于一个位置，而关于主题Y，则处于另外一个位置，其中的奥秘在于不断地根据变换的位置采用适当的干预方式。

5.受训员工越多，则位置越多

如果在培训过程中，有多方介入，那么他们在流程图上的位置则极有可能不同。受训员工的雇主安排他接受培训，这位雇主与受训员工本人在流程图上的位置可能不同。雇主可能提出了帮助请求，然而，受训员工本人则没有提出这样的请求。于是，此时的挑战则是采用适合各方所处位置的干预方式，同时又不打破与各方在不同位置上的工作关系。

6.谨慎原则

谨慎原则是指：如果你不确定与受训员工的工作关系在流程图上所处的正确位置，就请使用适合于流程图上前一位置的干预方式。

即如果你不确定你们是否已经抵达咨询位置，那么就使用适合搜索位置的干预方式。

这样，你可以邀请受训员工告诉你他所处的位置。受训员工的反应可以为你提供阶段性指示，帮助你决定下一步该做什么。

实操笔记：

后记
分享神奇，照亮他人！

20世纪60年代，莲花赛车队赢得了所有类别的赛车比赛，当人们问赛车队经理柯林·查普曼是怎么做到的，怎么总能战胜那些比他们车队规模更大、更有钱的竞争对手时，他的回答是："照亮他人。"

聚焦答案方法就是要去照亮培训师的工作以及受训者的努力。

没有矫揉造作，没有不必要的分析，没有晦涩难懂的理论，没有怪异的语言。简而言之，绝不小题大做。

微妙、复杂、睿智、以目标为导向、满怀敬意，这就是史蒂夫·德·沙泽尔和茵素·金·伯格的风格。

他们将这种风格融入到强大的方法之中，让人们可以帮助自己和他人应对生活中的逆境。他们与世界分享了一个神奇的成长工具。

谢谢你们，史蒂夫和茵素！